黒帯の映画人

柔道と映画に捧げた人生

カンヌ国際映画祭総代表
ティエリー・フレモー 著

山本知子 訳

KANZEN

2017年、第70回カンヌ国際映画祭のレッドカーペットにて。著者は、同映画祭の「顔」として世界中の映画関係者に知られている

右上:著者が柔道の指導者になったばかりの頃、リヨンのジュニア選手権にて。アリーナ席中央、肘をつく手前の人物が著者
右下：著者が選手権を制し、リヨンの新聞で話題になった直後に、柔道の師、レイモン・ルドン氏（左）とともに撮った一枚
上：黒帯を締めた青年時代の著者

上：柔道クラブにて、レイモン・ルドン氏および指導者仲間たちと。右端が著者
下：2018年、フランス講道館で行われた新年祝賀会《鏡開き》にて、フランス柔道界の重鎮たちに囲まれて。右から３人目が著者

左：柔道の父、嘉納治五郎の写真を背景に立つ著者。東京の講道館国際柔道センターにて

右：柔の形を教える嘉納治五郎
下：講道館柔道にまつわる歴史的な資料が展示されている講道館資料館
（いずれも写真提供：講道館）

上：2017年、第70回カンヌ国際映画祭に自転車で現れた著者
下：著者が製作した『リュミエール！』のポスターとともに。本作は映画の父であるリュミエール兄弟へのオマージュあふれるドキュメンタリーで、2017年、東京国際映画祭の特別上映作品となった。続編も2024年に完成した

上:2020年、サイレント映画の映画祭、ボローニャ復元映画祭にて。リュミエール兄弟の写真とともに
下:著者が拠点とするリヨンのリュミエール研究所

上：2018年、第71回カンヌ国際映画祭にて、是枝裕和監督と抱き合う著者
下：2019年、第72回カンヌ国際映画祭のフォトコールにて報道陣を前に

師たちへ、弟子たちへ、レイモン・ルドンへ自分の体について書く。自分の肉体が経験したいろんな災難や快楽を列挙する。それはいい。だが、思い出せることを元に、子供のころの心の中を探索するとなれば、間違いなくもっと困難な作業だろう。ひょっとしたら不可能だろうか。それでも君は、やってみたい気持ちに駆られる。自分がたぐい稀な、例外的な考察対象だと思うからではなく、まさしくそうは思わないから、自分自身を単に一人の人間、誰でもありうる人間と思うからこそ。

ポール・オースター『内面からの報告書』

(柴田元幸訳、新潮社、二〇一七年)

日本語版に寄せて

この本を書きはじめたとき、日本語に翻訳されて日本で出版されるとは想像していなかった。もちろんそれを夢見てはいたが、そんなことが起こるはずがないとも思っていたのだ。

きっかけは、スポーツと文学の関係を扱う雑誌に、黒澤明監督の『姿三四郎』についての記事を寄せたことだった。編集者の一人、ブノワ・アイメルマンが、私が長年柔道をしていたことに興味をもち、私自身と柔道について、また芸術とスポーツ、その精神と哲学について、さらには、柔道が私という人間をどのようにつくりあげていったのかについて書いてみないかと言ってくれた。カンヌ国際映画祭の総代表といえば、これまでの人生をすべて映画に捧げていると思われがちだ。だが、実際には私の人生には映画の前に柔道があった。それがこの本で私が語りたかったことだ。

そこで、私はまた、道場に通うようになった。柔道を実践する者としてではなく（いまや柔道をしたら肩も膝も悲鳴をあげるだろう。五段になるなど、夢のまた夢だ）、すべて把握していると思っていた柔道という冒険を俯瞰的に見てまわる者としてである。その結果、柔道は、私が子ども時代に慣れ親しんでいたユートピアがいかに無限のものであるかを示しながら、新たなかたちで私の前に現われることになった。いまでは、かつて私が魅了されていたスポーツの力と価値がどれほどのものなのかが昔よりよくわかる。フランソワ・トリュフォーは、お気に入りの映画は年を重ねるごとに繰り返し見るべきだ、と言っている。誰もが、その年齢年齢で違う人間になっているからだ。六十歳になって柔道に再び出会ったことは、自分自身を新たに発見する機会になった。柔道からはたくさんのことを学んできたが、いままた人生を再発見できたのは柔道のおかげである。

リュミエール兄弟（私が拠点とするリヨン出身だ！）に触れずに映画について話しはじめることができないように、柔道もまた、創始者の嘉納治五郎を抜きに語ることはできない。すべては彼から始まったからだ。『姿三四郎』の主人公の一人でもある嘉納治五郎によって（映画のなかでは矢野正五郎という名だが）、私自身、柔道に没頭した青春時代と映画に捧げたその後という二つの人生のつながりを見出すことができた。

道場に通いはじめた頃から、嘉納治五郎の話はよく聞かされていた。だが、この本のためにあれこれ調べていくうちに、嘉納の足跡と日本人の魂についてより深い洞察を得ることができた（嘉納についてはは違う評価をする専門家もいるとわかり、その点は驚きだった！）。嘉納治五郎についての記述ではこの崇高な人物に最大の敬意を払ったつもりだが、失礼な書き方や誤った書き方をしていないことを願っている。いずれにしても、私は嘉納治五郎に関してさまざまな発見をすることができた。なかでも、嘉納がある日、エジプトのカイロで、やはり偉大な旅人といえるフランスの詩人、アルチュール・ランボーとすれ違っていたかもしれないとわかったことは誇らしい発見だった。

嘉納治五郎は途方もない人物であり、そのスケールの大きさは柔道という枠をはるかに超えている。「歴史」を生き抜くこと、とりわけ悲劇的な二十世紀という時代を大過なく生き抜くことは容易ではなかったはずだ。だが、嘉納治五郎はそのイメージを壊すことなく、一気に時代を駆け抜け、彼の「遺産」はその後どんどん大きくなっていった。個人的な話をすれば、私のなかには、先人への敬意を早くから教え込まれた（そのことは、称賛者の資質を必要とするカンヌの選考委員としてのその後の仕事に大いに役に立った）年若い柔道家と、社会的地位のある者が栄光の座から転がり落ちるのをさんざん見てきた成熟した大人とが共存している。だからこそ、嘉納が自ら築き上げた地位から転がり落ちるどころか、さらに普遍的な存在になっていったことに感銘を受けた。

嘉納治五郎は日本でどれぐらい有名なのだろうか？　フランスの柔道家たちが嘉納治五郎をつねに讃えているように、日本でも嘉納治五郎は称賛されているのだろうか？　私にはわからない。ただし、嘉納治五郎は間違いなく私の子ども時代のヒーローの一人だった。私は敬愛するあまり、改めて彼のことを調べたら失望するのではないかと恐れていた。だが、まったくの杞憂だった。彼の教えはいまもなお、並外れて貴重であるとわかったからだ。「自他共栄」と彼は言った。互いに信頼して助け合えば、自分も他者もともに繁栄するという意味だ。混沌とした現代社会において、これ以上の言葉があるだろうか。

柔道は、私と日本との関係の基礎を築きあげてくれたとともに、日本のとても神秘的な文化を教えてくれた（だが、一介の西洋人が簡単に理解することなどできるものではないかもしれない）。さらに柔道をきっかけに日本語を少しかじり、それが自慢にもなった。日本語の響きの心地よさや親しみやすさを知っていることは、仲間たちに対する優越感にもつながった（機会があったら、「柔道の言葉」という別の（ちょっとした）本を書いてみようかと思うほどだ）。

この本は、柔道についての文章や映像をむさぼるように吸収した若きフランス人と、柔道の故国、日本との関係の歴史ともいえる。映画の世界にのめりこむまで柔道漬けの毎日だった私は、試合会場の畳の上で見た偉大なチャンピオンやフランスにやってきた偉大な師範たちからたくさんのことを教えられた。すなわち、安部一郎、粟津正蔵、岡野功、藤猪省太《ふじいしょうぞう》、望月拡雄、山下泰裕、そして柔道合宿の際に私が受《うけ》となった遠藤純男といった柔道家たちからだ。

そしてある日、黒澤明、小津安二郎、成瀬巳喜男、溝口健二、さらには彼らが監督する作品で主演をつとめる三船敏郎や田中絹代といった別の名前が私の耳に飛び込んできた。映画について知りはじめた私の前に、まったく新しい世界が広がっていった。日本は偉大な国だ。だからこそ、ときには激昂したりときには小声でささやいたりする「感情豊かな」男優や女優とともに、そして、夜や雪や風といったものが独自の方法で描かれる感動的な風景とともに、日本という国が再び私の前に立ち現われたのだ。

今日、映画は私と日本との絆をいっそう強めてくれている。二〇一八年、是枝裕和監督の『万引き家族』がカンヌ国際映画祭の最高賞、パルム・ドールを受賞したが、初めて彼をカンヌに迎えた年〔是枝監督は『DISTANCE』を二〇〇一年にカンヌに初出品した〕、私はまだ審査員としては新人で、彼もまた若手の映画監督だった。その後、抑制された作風の河瀬直美、いまやベテランとなった黒沢清、そして輝かしい未来を予感させる新人の濱口竜介といった監督の作品が次々とカンヌで受賞した。数年前に亡くなった鬼才、吉田喜重監督が、ガブリエル・ヴェールのドキュメンタリーを製作したことも、私にとっては大きなことだった。ヴェールは、リュミエールのシネマトグラフを携えて横浜に降り立ち、東京で初めて映画を撮影したカメラマンであり、シネマトグラフのオペレーターである。さらに最近では、二〇二三年、ヴィム・ヴェンダース監督の映画『PERFECT DAYS』で偉大なる俳優、役所広司がカンヌで最優秀男優賞を受賞した。彼は数年前に日本のテレビドラマ〔二〇一九年、NHK大河ドラマ『いだてん～東京オリムピック噺～』〕で、なんと……嘉納治五郎の役を演じたという。驚くことに、ここでもまた柔道につながったのだ。そのことについては、この本にあと一章、書き足したいぐらいだ！　さらに二〇二四年のパリ・オリンピックで日本人柔道家たちが見せてくれた力と品格についても、ここに付け加えておきたい。阿部一二三の栄光、そして妹、阿部詩の敗北の心打たれる悲しみ、斉藤立《たつる》の堂々たる戦いぶりなど、多くの選手が私たちを魅了してくれた。

この本が日本で出版されることは私にとって誇りである。大きな喜びを感じると同時に、少し恐くもある。この本を読んでくださった方々が、私を魅了しつづける日本という国へのささやかな賛辞として受けとってくださることを願っている。日本での版元であるカンゼン、訳者の山本知子氏、そしてフロランス・メルメ・小川氏に心から感謝する。また、映画プロデューサーであり配給者でもあるトム・ヨーダ（依田《よだ》巽《たつみ》氏）にも、深く敬意を表したい。私にとってヨーダは、日本の窓口であり、特任大使ともいえる存在で、私が東京に行くたびに《ギャガ》のすばらしいスタッフとともに温かく迎えてくれる。二〇二四年秋、私は『Lumière, l'aventure continue（リュミエール、冒険は続く）』という新たに編集した作品とともに、また日本を訪問する予定だ。リュミエールに関する新たな旅をお見せするために、およそ百本の《リュミエールの動画》を復元した。特にこの作品の目玉となる、日本で撮影されたフィルムは必見で、一人の西洋人が日本の文化や文明にいかに美的な魅力を感じたかが描きだされている。そこからまた、私はたくさんのことを学ぶことができた。

最後にもう一つ。この本がフランスで出版されたとき、もっともうれしかったのは柔道家から寄せられた感想だった。彼らはこう言ってくれた「柔道に魅せられたあなたの子ども時代は私の子ども時代とまったく同じです。あなたの物語は私の物語でもあります」。日本の読者のなかにも同じように感動してくださる方がいたら、著者として、そして柔道家として、これ以上の幸せはない。

ティエリー・フレモー

カンヌ国際映画祭総代表

リュミエール研究所所長

柔道家　黒帯四段

二〇二四年八月五日、リヨン、プルミエ・フィルム通りにて

目次

日本語版に寄せて　ティエリー・フレモー　11
第一章　初めての受《うけ》　22
第二章　《鏡開き》　29
第三章　嘉納治五郎　40
第四章　スポーツへの情熱　46
第五章　故《ふる》きを温《たず》ねて新しきを知る　57
第六章　生きている実感　64
第七章　講道館　74
第八章　日本における自死　86
第九章　帯　96
第十章　いざ外国へ　105
第十一章　技について　115
第十二章　初めての大会　128
第十三章　柔道着　135
第十四章　揺らぐ王者　140

第十五章　結末はまだ編集していない（幕間休憩）　150
第十六章　ルドン先生　161
第十七章　クラインの冒険　180
第十八章　黒帯　193
第十九章　姿三四郎　200
第二十章　戦う　211
第二十一章　幻のオリンピック　219
第二十二章　師と弟子　231
第二十三章　嘉納治五郎、死す　247
第二十四章　雨に唄えば　260
第二十五章　最後の受《うけ》　274
エピローグ　嘉納治五郎の言葉　288

謝辞　290
訳者あとがき　294

・訳者による補足、および訳註は〔 〕により示した。
・人名に付した訳注について、故人（訳出時）には生没年を記載した。
・本文の引用箇所において日本語文献が存在するものは、可能な限り該当部分にあたり、出典を明示した。

黒帯の映画人

柔道と映画に捧げた人生

第一章
初めての受《うけ》

柔道の世界では、すべては「倒れる」ことから始まる。柔道と聞くと、たいていは相手を空中に投げる戦いを想像するだろう。技術、精神力、訓練された身体が合わさって初めて可能なこのアジアの武術において、敗北は考えられないものだと思うのではないだろうか。負けたときには取り返しのつかない屈辱を味わい、（黒い）帯で三十回叩かれる……といった具合に。だが、実際はそうではない。柔道で真っ先に教えられるのは、「勝ち方」ではなく「倒れ方」である。倒れることは負けることと同義ではない。だが、そのことを悟るのはだいぶ経ってからだ。

柔道の世界では日本語が世界的な共通言語であり、ある程度正確に日本語を使うことが義務づけられる。日本語の用語をマスターすれば周囲から感心されるが、正確に使いこなすのは不可能に近い。たとえば柔道では、相手を「倒す」ではなく「投げる」という。とはいえ、柔道家にとって最初の技は「投げる」ことではない。繰り返すが、畳の上ではすべては「倒れる」ことから始まるのである。

陸上競技、オートバイレース、アイススケート、乗馬、ボクシングといった他のスポーツではまったく逆で、ノックダウン、ノックアウト、あるいは地面に倒れることは致命的だ。ところが柔道では、倒れることはパフォーマンスであり、基本的な行為であり、成し遂げるために必要なこだわりでもある。何事もそうだが、そこには正しいやり方というものが存在する。柔道を習いはじめたときに正しいやり方でどれだけきちんと練習するかで、その後どういう柔道家になれるかが決まるともいえる。よいフォームで倒れるのは大人だが、ただ倒されるのは子ども。そういわれるぐらいの違いがある。あなたがもし柔道でよい受《うけ》をして、よいパートナーとなったら、誰もがあなたと組みたがる。あなた自身もそのことで大いなる満足が得られるだろう。他の人たちの進歩を助けることもまた、柔道の楽しみだからだ。そのことについては、あとでまた触れることにしよう。

そういうわけで、柔道ではまず「倒れ方」を学ぶ。すぐに、倒れるときには直感的に反応しなければならないとわかるだろう。相手の攻撃が成功したあとの0コンマ数秒の間に身体と精神を預けることで相手に暗黙の賛辞を送りつつ、「倒れる」という堂々とした動きを完成させなければならない。アルフォンソ・キュアロン〔メキシコの映画監督〕の『ゼロ・グラビティ』〔アメリカ、二〇一三年〕のなかで、ジョージ・クルーニーが悲痛で犠牲的な死を遂げるのと少し似ているかもしれない。

「絶対に怪我をしないように、たくさん倒れなさい」柔道を習って最初に言われた言葉が、いまも耳に残っている。そのとき私は九歳で、初めて柔道着に袖を通した。とにかく寒く、同じ思いでそこにいた私の姉と弟以外、知り合いは一人もいなかった。自分がとても場違いで、誰もが自分よりうまくできているように見えた。子ども時代に初めてのことに遭遇すると、その驚きからとても心細くなり、自分はまだまだ弱く未熟な存在だと感じるものだ。

柔道の先生は背が高く、顔つきが険しく、瞳は帯の色と同じ黒だった。アスリートとしての資質をすべてもっている、近づきがたい人に見えた。私は、先生の指示に従って何十人もの子どもたちに混じって、その真ん中に寝そべった。先生は、白波が立った海原のように見えるその集団をまたいで歩きながら、発音が難しそうな謎めいた言葉で私たちに指示を出した。拍手するときのように力いっぱい手で畳を叩け、と言ったのだ。心を強くするためには手も強くなければならないからだ。

私たちは言われたとおり、仰向けに寝たまま両腕を宙に上げてから手のひらを振り下ろして畳に叩きつけた。最初はそっと、それからだんだんと強く、だんだんと速く。先生は、叩き方が正しいかも動きが完全にできているかも、まったく確認しようとしなかった。彼が求めていたのはただ、音を立てること、そして高揚させることだけだった。何かを教えようと思ったら、こうした面白さを抜きにしてはうまくできないだろう。のちに教える側に回ったときに、私はそのことを思い出した。「待て！」突然、先生はそう言って手を叩いた。プレハブの道場のなかがしんと静まり返る。日本語の「待て！」は「やめなさい」を意味する。子どもたちは数秒間、動かずにじっとしていた。やがて、先生がまた同じ動きをするように号令をかけると、再び爆音が響きわたった。私だけでなく、周りの女の子も男の子も、みんな陶然としていた。誰もが一様に床を叩き、一様に興奮し、こんなふうにエネルギーが解放されることのすばらしさを一様に感じていた。その日の高揚感をともなった疲労を、その後、柔道の稽古のたびに感じることになるとは、そのときの私には想像もできなかった。

私たちは畳に寝そべっていた。まずは、少し弾力のあるこの赤と青の畳と仲良くなり、その上に寝ころび、畳に愛着をもつことから始めなければならないからだ。休憩もとらないまま続けていると、手がひりひりしてきた。肌は上気し、息切れして、筋肉は収縮し、頭に血がのぼり、ついには目の前がチカチカしてふらふらになった。初めての柔道で感じたその甘い苦しみは、すべてのアスリートが感じるものでもあるだろう。

先生は、流れるような動きで、まずは座ってから同じことをするように指示した。「座って、寝て！

座って、寝て！」。次は、立っている状態から、「立って、座って、寝て！　立って、座って、寝て！」となる。こうした一連の動きでうまく屈伸できるようになると、次は後方に倒れる稽古だった。お尻、背骨、首、後頭部の順にダメージがないように倒れなければならない。

音楽にはソルフェージュ〔西洋音楽における楽譜の理解を中心にした基礎練能力の訓練法〕がつきものであるように、柔道には倒れることがつきものだ。音楽家の練習と同様に、柔道家もひたすら同じ稽古を繰り返す。最初はどんなふうにすればいいのか、ほとんど教えてもらえない。教わるとは、手本を見ながら自分で試し、それを何度もやりながら自分自身で習得することだ。先生はあなたの姿勢を正してはくれるが、説明はほとんどしない。何をしなければならないのか、それがなんの役に立つのか、よくわからないままただやってみるだけだ。あとになってから、自分で考えさせるために先生がそうしていたのだとわかるのだ。

初心者の子どもたちに混じって成り行きに身を任せることに、私は一種の快感を覚えていた。周りの小さな柔道家たちを眺めてみると、喧騒のなか、みんなまだばらばらではあるものの、同じ動きをしていた。自分もその集団の一人なのだと実感した。柔道を始めたからといって、すぐに心の静けさが得られて悟りの境地に達するわけではない。少なくともその初日の柔道は、エネルギーと騒音と子どもの叫び声だった。面白そうだ、と私は思った。

柔道の創始者、嘉納治五郎は、何種類もの倒れ方、つまり受身《うけみ》を考えだした。後受身《うしろうけみ》、横受身《よこうけみ》、前受身《まえうけみ》、前回受身《まえまわりうけみ》だ。特に最後の前回受身《まえまわりうけみ》は、でんぐり返しが大好きな子どもたちのお気に入りの受身《うけみ》法だが、年をとるとあまり好きではなくなっていく。一見派手で、しかもバランスがとれたこの受身《うけみ》には無限のバリエーションがあり、それ自体が自立した動きとなりえる。ほとんどの子どもは右手を懐に回しこむようにして前方に回転するが、ときには私のように反対側の手、つまり、矯正される側の手を使って前方に回転する子もいる〔現在では受身の稽古は左右とも行われている〕。当時はまだ左手は「不浄な手」とみなされ、左利きを矯正されることもあった。その頃は、やがて左利きが戦術的に有利だといわれたり、エレガントだと羨ましがられたりすることになるなどとは想像もしていなかった。たとえば、サッカーのディエゴ・マラドーナや女優のニコール・キッドマンのように左利きの伝説的人物もいると知って安心感を覚えるのも、まだまだ先の話だ。

前回受身《まえまわりうけみ》は遊び心をくすぐり、その空間を自分のものにしているという実感がもてるものだが、周りから注目されるための手段でもあった。数人の仲間が身を丸めて並び、その上を飛んでいくことを競い合ったりもした。三人、五人、さらに多くを飛び越えていくと自分は無敵だという気持ちになったものだ。それが昨日のことのように思い出される。倒れるとき、まずは畳に手をついて体の衝撃をやわらげる。そうすれば、痛みをともなわずに畳の上に着地できるからだ。しっかりとした腕が、空中に投げ出される恐怖や衝撃の恐怖を遠ざけ、すぐに反撃することを可能にする。たとえいきなり投げられ、わけがわからないまま畳に落ちたとしても、反射的にどうすれば怪我をしないですむかがわかる。その気になれば、不安に先手を打って美しい受身《うけみ》を見せることに喜びを見出すこともできる。

白帯の私たちは、すべてが新鮮で楽しかった一方で、何も恐れないことを学んだ。柔道を続けるかぎり、何度も倒されることになる。私たちはやがて、倒されることは崩れることではなく、何かを成し遂げることなのだと学んでいった。

柔道との出会いはそんなふうに始まった。だが私は、倒されることの本当の意味、つまりうまく倒れられれば再びうまく起きあがれる、ということまではよくわかっていなかった。柔道の道場に一歩でも入ったら、すぐにこの「倒れ方」の教えを受ける。いまこれを書きながら、あの日のことがよみがえってきた。九月のある木曜日。学校は休み。子ども時代を象徴するようなほとんど雲のない空の下で、私はこれから起こることを漠然と予感していた。人生で愛してきたもの、旅、恋愛、映画は私のところにゆっくりとやってきた。ところが、柔道だけはいきなりやってきたのだ。

第二章
《鏡開き》

フランス柔道界の新年の祝賀会でスピーチをするという大役を仰せつかった。フランス柔道連盟からの使者、マキシム・ヌシーが私に打診の電話をかけてきたのだ。マキシムとはだいぶ前にリヨンの道場で知り合った。そのマキシムが懐かしい声で、新年の式典では他の分野で功績のあった柔道家に年始の挨拶をしてもらうのがならわしだと説明してくれた。今年は映画界の私に白羽の矢が立ったというわけだ。

その昔、私はマキシムがどのクラブに所属しているのか、よく知らなかった。ジュニア時代に全国タイトルを何度も獲得した名選手の彼は、サン＝フォンにある私たちの道場に前触れもなくやってきては、よくいっしょに稽古をした。だがしばらくすると、三週間ぐらいやってこなくなる。そうやって道場を転々としながら、選手権や昇段の準備をしていたのだ。当時、私はまだ高校生だったが、彼はすでに運動療法士として働いていた。

畳の上のマキシムは、難攻不落のガードを固める鉄の腕、引っ越し業者のようないかつい肩、二人の敵を同時に持ち上げられそうな象の太腿を持つ選手だった。つまり、力の化身のような存在だった。それだけではない、体型も姿勢も美しかった。どんなスポーツにも、スイス出身のテニス選手、ロジャー・フェデラーのように、その競技のためにつくられたのではないかと思えるような選手がいるものだ。マキシムがまさにそうだった。浅黒い肌、墨のように黒い髪、微笑むと皺の寄る目尻。稽古を終えるとさっとシャワーを浴び、ロッカールームを出て、夜の闇のなかに消えていく。ネコのようにしなやかに相手の脇に回りこみ、払《はらい》に弱いのかと思いきや、相手の動きを探り、あっという間に隙を突いてくる。さらに、畳の上の戦いである寝技《ねわざ》で恐るべき強さを発揮した。たまにしか会わない関係ではあったが、私はマキシムを友人だと思っていた。

マキシムは私に、新年の挨拶はこれまで、ティエリー・マルクス〔フランス人シェフ、パン職人〕などが務め、来年はトマ・ペスケ〔フランス人宇宙飛行士〕に依頼する予定だと言った。いずれも柔道家だ。それが行われる新年の祝賀会は、《鏡開き》と呼ばれている。

《鏡開き》とは「鏡を開く」という意味だが、中世の日本では、ヨーロッパの貴族に匹敵する——ただし、もっと格好のいい『七人の侍』〔黒澤明監督、一九五四年〕の浪人の島田勘兵衛《しまだかんべえ》のような——武将が、丸い鏡を思わせるかたちの酒樽のふたを割って、なかの酒を兵士たちに振る舞ったという。鏡や酒は神を連想させるので、その酒で兵士たちは一気に意気盛んになり、神意に報いようと奮闘し、結果的に大勝利を収める。飲み過ぎは大罪であるかのようにみなされる現代の欧米では歓迎されない話かもしれないが、カトリック信者の間でパンが割られるのと同じで、神道では樽を割って米の酒が配られ、人々が激励されたのだ。

別の説もある。毎年、正月になると武士が集まり、祭壇の上に置かれた調和の象徴の小さな鏡と、鏡のように丸い餅のそばで、自分たちの武器を清めたという。嘉納治五郎は寒稽古とともに武士のこの習慣を復活させ、そこにこれからの一年が希望に満ちたものになるようにという願いを込めた。今日の世界では、厳しい未来が避けがたいものであることを忘れるためにより多くの儀式が求められ、友愛にもとづく聖体拝領のようなかたちが望まれることが多い。《鏡開き》はそんな望みを具現化しているように見える。フランスだけでなく他の国でも、毎年一月に国内の有名な柔道家や高い段位をもつ柔道家を集めて《鏡開き》が行われ、その国に駐在する日本大使が出席する――たとえ、その大使は酒が飲めなかったとしてもだ。

人生には、いくつかの偶然が組み合わされることによって、時とともに忘れられたことを改めて思い出す瞬間がある。だがあとになって、実は偶然など一つもないとわかる。記憶を整理し直すことで、そこに意味をもたせることができるからだ。ジャン＝リュック・ルージェ〔一九七五年に世界選手権で優勝したフランスの柔道家。二〇〇五～二〇二〇年までフランス柔道連盟の会長〕から《鏡開き》のゲストのオファーがやってきたことで、かつて手放しで愛し、それでも遠ざかってしまった柔道が、再び私の前に姿を現した。最後に柔道着を着てから二十五年の歳月が経っていた。

私は黒帯四段で、黒帯は生涯変わらない。だが私の人生は、柔道とは違う場所、リヨンの《リュミエール研究所》、そしてカンヌ映画祭へと移っていった。いま私が歩いている床には畳ではなく赤いカーペットが敷かれ、別の聖域に通じている。柔道によってかけがえのない先生とかけがえのない教えを得たのち、私はまた別の師に出会った。かつて私が生徒として、選手として、指導者として実践し、青春時代の夜と週末を満たしていた柔道。それは永遠に消えることがない。最終的に畳の上を離れたそのときまで、私はそう思っていたのだ。私のなかでは、そんな柔道の地位をいまでは映画が占めるようになっている。

最近まで、「まだ柔道をやっているんですか？」と訊かれたら、臆面もなく「ええ」と答えていた。だが、私は自分に嘘をついていた。私はもはや柔道家ではない。私はこれまで充実した人生を送り、ある程度思うがままに生き、詩人・小説家・旅行家であるブレーズ・サンドラールの素晴らしい希少本をコレクションし、ジュリア・ロバーツをレッドカーペットが敷かれた階段の上で迎え、実業家で《オリンピック・リヨン》〔リヨンを拠点とするフランスのサッカークラブチーム〕の会長のジャン＝ミシェル・オーラスの友人であり、マッセイ・ファーガソン社のトラクターとルック社のカーボンフレームのロードバイクを所有している。だが、柔道からは離れてしまった。

私は長い間、道場に足を踏み入れていなかった。もはや相手と戦う力などなく、組手《くみて》争いを制するための強い腕もない。礼儀正しく挨拶をし、長時間正座していられる自信もない。背中や首や左肩や右膝やくるぶしが痛くなるだろう。いまや、柔道家としての反射神経も手腕も思考ももっていない。いまでも、空間での動きを思い描いて、一連の打込《うちこみ》〔その場であるいは移動して、相手を投げるまでを繰り返す稽古〕ができるのだろうか？　柔道着の一式を入れたバッグがいまどこにあるのかすらわからず、新しい審判ルールもいまのチャンピオンの名前すら知らないのだ。十八歳の頃、私がその巧妙さを伝授していた極《きめ》の形《かた》も覚えていない。当時の私は、柔道が好きだったからこそ早熟で、柔道に関しては文字どおりなんでも知っていたというのに。

私はもはや柔道家ではない。柔道は自分自身と世界との関係における模範を示してくれ、青春時代の情熱であったことを忘れてしまっている。柔道の精神と歴史を知ったとき、初めて何かを自分のものにすることができると感じた。柔道は、自分を他の人とは違う位置に立たせてくれ、洗練された「知」を手に入れる方法だった。また、仲間たちを驚かせ、自信を失いそうになったときにも安心させてくれる、神秘的な言語のなかに「知」を見つけ出す方法でもあった。

私は、すっかり過去のものになってしまった柔道を思い出すことに決めた。少し前から、柔道を完全に失ってしまうことの恐怖心とともに、自分にはかつて柔道があったという抗しがたい思いにとらわれていた。柔道は一つの生き方であり、自分自身とうまく折り合いをつける手段でもあった。柔道着を持っているという誇りもあった。自分は黒帯だという自負もあった。当時何枚かあった柔道着はどれも、毎週洗濯されていつも真っ白で、そこには自分の名前がイタリックで刺繍されていた。帯には名前だけでなく、場合によっては所属がわかる漢字が縫い込まれていて、結び目から両端までが同じ長さになるように締めなければならない。それも、一九七〇年代の世界チャンピオンで「太陽王」と呼ばれた柔道界のランボー、藤猪省太《ふじいしょうぞう》の攻撃と同じぐらいの速さで締めるのだ。スポーツには、それを体現して革命を起こす特別な選手がつねに存在するものだ。テニスのジョン・マッケンローは、もっとも偉大なタイトルの獲得記録を残したわけでもなく、おそらく史上最高のテニスプレーヤーでもないが、彼のプレーを再現できる者も真似られる者もいない。それが、柔道の世界では、柔道を実践していた私たちだけにその名を知られている藤猪省太なのだ。

サム・ペキンパー〔アメリカの映画監督。一九二五～一九八四年〕の西部劇『昼下りの決斗』〔アメリカ、一九六二年〕のラストシーン。ランドルフ・スコット〔アメリカの俳優。一八九八～一九八七年〕が不運な仲間のガンマンに「貧しい男が死ぬときに何を着ているか知ってるか？　誇りの服だよ」と言う。柔道経験者にとって、柔道着とは、その後どんな人生を送ろうともずっと「誇りの服」でありつづける。組手《くみて》であちこちダメージを受けている柔道着は、自分自身の歴史で織りなされた服なのだ。

私の世代、つまり一九五七年から六三年に生まれた人たちにとって、柔道は、流行りのポップスを聴いたり、バンドデシネ雑誌『Pilote《ピロットゥ》』〔一九五九年から一九八九年までフランスで刊行された週刊誌〕を見たり、月刊誌『Lui《ルイ》』〔一九六三年から二〇二〇年までフランスで刊行された男性誌〕を読んだりすることと同じようにティーンの頃に帰らせてくれるスポーツだ（もちろん、他の世代も大歓迎してくれる）。柔道は、個人的経験と集団的情熱が絡み合うことで、目の前にあるものを直視し、自由を求め、自分の欠点を認め、他人の欠点を受け入れることを教えてくれる。黒澤明〔一九一〇～一九九八年〕監督のデビュー作『姿三四郎』〔一九四三年〕の主人公のように、何かに没頭すること、服従の義務、さらには反抗の精神を叩き込んでくれるのだ。

柔道と映画は、文明が再興されて未来は輝いていると考えられていた十九世紀末に、ほぼ同時に誕生した。嘉納治五郎とルイ・リュミエール〔フランスのエンジニア、写真家、映画製作者。兄とともにシネマトグラフを発明した。一八六四～一九四八年〕という二人の創始者が似ているように、柔道と映画には多くの共通点がある。どちらにも、東京の講道館とリヨンのプルミエ・フィルム通りというはっきりとした発祥の地がある。そもそも、両方とも何もないところから始まったわけではない。柔道には柔術、映画にはエジソンが発明したキネトスコープという先達がいた。両者とも、その先達をあっという間に追い越してしまうのだが、先達の痕跡をまったく消そうとしたわけではない。それなのに、まるで異教が伝播するようにみるみるうちに広がっていった。しかも地球規模で普及し、いつの間にかスポーツ以上のもの、芸術以上のものになった。両者とも、私たちは何者であるのか、他の人たちが何者であるのかを教えてくれるからだ。

私は、知れば知るほど柔道と映画には共通点があると思うようになった。たとえば、フランスの映画監督で映画批評家のジャン・ドゥーシェ〔一九一九～二〇一九年〕が語ったこんな話がある。一九五三年八月二五日、日本の映画監督、溝口健二〔一八九八～一九五六年〕の『雨月物語』がヴェネチア国際映画祭で銀獅子賞を受賞した。溝口はヴェネチアに数日間滞在し、世界各国から集まった仲間たちの映画を鑑賞した。日本に帰ってきた彼はこう言った「間違いなく、私はいまがピークだ」。その後、溝口はめくるめく傑作を次々と生み出していった。不思議なことにこの言葉には、巨匠たちに出会ったときに感じる謙虚さが隠されている。溝口には傲慢さも自己満足感もまったくなく、ただ自分は映画人として、ヴェネチア国際映画祭に参加するほどのピークに達することができて幸せだと考えていた。

こうして溝口は、早世したにもかかわらず、のちの時代に名を残した。

リヨン郊外、サン゠フォンの柔道クラブの先生だったレイモン・ルドンは、よく私にこう言っていた「いつか私に勝てるぐらい強くしてあげるよ」。子どもだった私には耳に心地いい言葉だった。ルドン自身はその言葉をジョルジュ・ボード〔一九五五年に日本に渡ったフランスの柔道家。一九二九〜二〇〇四年〕から受け継いでいた。ボードといえば、サン゠テティエンヌ出身のレイモン・モロー〔日本の柔道をフランスに伝えた柔道家〕とともに日本に渡った最初のフランス人の一人だ。彼らは、当時はまだ珍しかった柔道の巡礼者にとっての約束の地、東京の《講道館》を目指した。日本に着いた二人は「外人」として扱われ、冬の寒稽古に明け暮れる毎日だった。道場では限りない苦しみの連続で、つらい修行が数カ月も続いたという。夜明けにはヴェルコール山脈に凍てついた日の光が射す晩秋のこの日、彼らの名前をこうして自分の本に記せることは喜びだ。私は十九歳のとき、ジェルランの指導者養成学校でジョルジュ・ボードに会い、柔道の指導者になるには何が必要かを教わった。「敗北しても気にせず、ひるまずに勝つことだけを目指せ」という彼の言葉は、いまだに元弟子たちの道標となっていることだろう。

マキシム・ヌシーはこの《鏡開き》のイベントには毎年スピーチを託されるゲストが必要なんだと説明しながら、「君はうまくやれるよ！」と私に言った。マキシムは私よりずっと年上だが、ちょうど私の倍の年齢だった四十年前、彼が六段に昇段するために必要な書類を書くのを手伝ったことがある。映画のおかげで、リヨンの柔道界で私はインテリとみなされていたからだ。私がスピーチを引き受けるのを迷っていることを察知したマキシムは、大丈夫だと背中を押してくれた。前を向きたいと思ったら、過去へのこだわりはすぐに捨てなければならない。山のなかでかつて歩いたことのある道を見つけたら、夜が近づいていたとしてもその道を歩もうと思うだろう。同じように、懐かしい何かが戻ってきて私に手を差し伸べている——。そう感じなかったら、私は《鏡開き》のスピーチの大役を断っていたかもしれない。

二〇一七年、香港の映画監督ウォン・カーウァイがリュミエール賞〔リヨンで開催されるリュミエール映画祭で授与される賞の一つ〕を受賞したとき、フランスの映画監督オリヴィエ・アサヤスは、カーウァイを「記憶のなかの記憶」をもっともよく呼び起こす監督だと言って称賛した。「記憶のなかの記憶」まさにそうだ。マキシムにかつての仲間たちのことを尋ねているうちに過去を掘り起こそうとしている自分に気づいたが、かといってまた柔道の世界に戻りたいとは思っていない。私の文学的ヒーローであるジャック・ロンドン〔アメリカの作家。一八七六～一九一六年〕とスコット・フィッツジェラルド〔アメリカの小説家。一八九六～一九四〇年〕は、「セカンド・チャンス」を手にしようとしていたにもかかわらず、それが叶わずに亡くなった。復活のチャンスを見つけるにはあまりにたくさんの問題が答えを得られないままに放置され、あまりに多くの努力が必要だが、結局のところそんな機会はやってこない。なんとか筋書きどおりに行ってほしいと思いつつ、そのために長い間、苦しんで年をとっていく自分を見るのは嫌なのだ。

アンリ・ヴェルヌイユ〔一九二〇～二〇〇二年〕監督の『冬の猿』〔フランス、一九六二年〕は、記憶を呼び覚ますことを決意した男の物語である。主人公のギャバンはまだ五十八歳だが、人生の秋に向かって歩いているように見える。私もまさしく人生の秋にいる。ジム・ハリソン〔アメリカの詩人、小説家、エッセイスト。一九三七～二〇一六年〕が言っているように、老いは気づかぬうちに少しずつ少しずつ忍びよってくる。私はすでに六十代だが、いまの時代、頭を使い、食事に気をつければ、まだまだ生きられるだろう。「何かの価値に気づくのはそれを失いそうになったときだ」と言ったのは誰だっただろう？　私はまさに大事なものを失うところだった。柔道が再浮上したことで、これまで顧みようとしなかった精神的な領域にも立ちもどることができそうだ。柔道は、私にとってすばらしい過去だ。だとしたら、このまま打ち捨てておくわけにはいかないではないか。

柔道という失われた世界を取りもどすことを決意した。それが許されるときが来たのだ。

私は、そして私の仲間たちはずっと柔道をやってきた。だから、そのことを話そうと思う。

第三章
嘉納治五郎

嘉納治五郎は、万延元年一〇月二八日、つまり一八六〇年一二月一〇日に生まれた。誕生時はいかにも弱々しかったという。彼の両親は、本州の摂津国《せっつのくに》御影村《みかげむら》――のちの神戸市東灘区御影町――に住んでいた。日本には六千八百五十二もの島があるといわれているが、本州はそのなかでも最大の島である。父親は旧家の生まれで、先祖には儒教の知識人や仏教の僧侶もいれば、神道の人々もいた。治五郎が七歳のとき、明治時代の始まりである大政奉還が起こった。大政奉還とは、軍事的な長である「将軍」と将軍の下に置かれた各地方の統治者である「大名」が平定していた国家全体を、天皇の権限の下に経済的・政治的に大改革することだ。長い間、軍人によって安寧が保たれていたことは、まさに日本の歴史のパラドックスといえよう。一八五三年七月、アメリカのペリー提督とその艦隊が日本の領海に入り、浦賀に入港して開国を要求した。それから一年も経たないうちに日米和親条約が調印される。日本が国際社会に進出すると、治五郎の父は神戸港が開港されたのを機に事業を発展させ、その一方で海軍に貢献した。

「明治」とは、一八六八年から一九一二年まで、日出づる国の第百二十二代天皇、睦仁の治世の時代を指す名称である。積極的で先見性のある明治天皇は、日本を世界に向かって開き、日本は近代化の道を歩みはじめた。そして封建的な体制に終止符を打ち、中央集権体制を確立する。侍は大刀や小刀を腰に差して街を歩くことを禁じられ、官軍に入り、税を納め、士族としてその地位だけが残されることになった。文学、絵画、映画には侍についての神話がたくさん描かれているが、侍は名目だけの存在になってしまったのだ。

十五歳で即位した明治天皇は鎖国を解くことで日本を一変させた。若き天皇は大胆にも、それまで表に出てこなかった皇后に公的地位を与え、憲法で議会を制定して選挙を実施するなど、多方面の改革を行った。彼はまた、鎖国が不滅のドグマであったこの国の進歩的な君主として、教育こそが社会システムの基礎であると考えた。同時に愛国心も必要だと考えた。その結果、世界に門戸を開いたのだが、それがやがて隣国との対立につながっていく。そのため、植民地支配を含めたヨーロッパのやり方にヒントを得ようとした。やがて日本は中国、ロシア、朝鮮半島といった隣国との紛争に身を投じ、日本の軍隊は悲劇的な運命をたどっていく。半世紀後、太平洋の神風特攻隊に象徴される過激な戦法を取り入れた末に、惨憺たる結末を迎えることになるからだ。ヒロイズムに目がくらみ、若者に尊大な犠牲を強いたことが、ついには一九四五年八月に広島と長崎に襲いかかる忌まわしい運命を招いてしまう。そこには、それを予見できなかった国家の傲慢さが見てとれる。

マーティン・スコセッシ監督の美しい映画『沈黙』〔アメリカ、二〇一六年〕は、公開当時は過小評価されたが、（繰り返し）観るべき作品だ。遠藤周作の小説を膨らませて現代の宗教戦争について問いかけているここと、日本人の島国で生きるがゆえの偏狭さこそが人々に安全を保証していたことが描かれているからだ。

嘉納治五郎が生まれたのは、まさに、何世紀も変わることのなかった日本という島国の、寺の静けさと山々に囲まれた地だった。だが、それから数年ですべてが変化した。一六三九年以来厳重に閉ざされていた日本が、今後は異質なものを迎え入れようとしたのだ。伝統に固執していた人々も、これからは別の国が存在することを理解しなければならない。そうした新しい時代の到来によって、治五郎は外海への興味と旅への憧れを抱くようになった。

治五郎は、九歳のときに母を亡くした。小津安二郎〔映画監督、一九〇三〜一九六三年〕のある映画を思い出す。人生は愛する人との別れの連続にほかならないが、小津の作品では女性は強く、そして繊細である。

自分を育ててくれた母親を思い出すと治五郎の胸はうずいた。母を生涯忘れることはなかった。歴史家によれば、治五郎はつねにこの愛情深く厳格な母が褒めてくれるような人物になろうとしていた。教育熱心だった母は、文化が人を育てるという信念をもっていた。文字が読めるようになった治五郎は本に没頭し、とりわけ孔子を貪り読んだ。孔子から強い知的影響を受けたことが、のちに自ら思索したり執筆したりするきっかけになった。

ヨーロッパの子どもたちは孔子について教えられることがないので、ここで少し紹介しよう。孔子は、中国の哲学者（紀元前五五一－四七九年）としてよく知られている。のちの時代に登場したギリシャやローマの哲学者たちと同様、現世の思想に捧げられたいくつもの衝撃的なアフォリズムを残している。孔子の言葉に「故《ふる》きを温《たず》ねて新しきを知らば、もって師と為るべし」があるが、それはまさに、嘉納がアジアの格闘技学校の歴史を刷新して柔道をつくりあげた過程を表している。

ベルギー出身の中国学者ピエール・リックマンス〔作家、エッセイスト、評論家。一九三五〜二〇一四年〕は、中国文化大革命を糾弾する著作のためにシモン・レイスというペンネームをもっていたが、レイスは孔子の『論語』〔孔子とその高弟の言葉を、孔子の死後に記した書物。儒教の「四書」の一つとされている〕を「人類にこれほど永続的な影響を及ぼした著作はない」と評し、「途方もない簡潔さだ」と賞賛している。シモン・レイスは、文化大革命の時代に「惨めな野郎」とののしられながらも自分の立場を貫き、軽蔑的な態度をとる者たちに倫理的な打撃を与えた。その点を考えても、私は彼の味方だ。孔子は、人間はいつの日か、自制心、思考の完璧さ、約束を守る忠実さ、忠誠心、礼儀正しさ、正義の追求といった徳を積むことで高潔な存在になると考えた。要するに、他者との調和だ。そして、私たち人間はなかなかその境地には達しない。孔子はまた、社会は理性を通してつくられているとみなす哲学者らしく、「年寒くして松柏の凋《しぼ》むに後《おく》るるを知る〔寒い冬に他の植物はしおれても松や児手柏は緑を保っている。転じて、艱難にあって初めて、その人の真価がわかるという意〕」とも言った。これは、映画祭が行われる五月にはまだ評価が定まっていなかったが、その年の一二月には多くの人から賞賛される、というカンヌ国際映画祭の出品作にもあてはまる。「音楽家にお金を払うのは舞踏会の終わりだ」という、いかにもフランス人らしい諺よりさらに的を射ている言葉だろう。

明治時代の改革のおかげで、日本人男性の半数以上が読み書きができるようになった。治五郎の父、嘉納次郎作（妻の実家の養子になり、日本での通例にしたがって妻の姓を名乗った）は、息子を勉学の道に進ませたいと願っていた。母を失った若き治五郎は、書を読むことに慰めを見出したのだろうか。勤勉な治五郎は中国の古典や英語を学び、書道に毎日何時間も費やした。線を描く芸術ともいえる書道をその後も続け、柔道の基礎を定めるときには書道の所作、意図、さらに実践の感覚を参考にしたという。書道が目的としている美と完璧さを柔道に取り入れようともした。

治五郎は、慎重で繊細な性格で、体つきも海風に吹かれれば飛んでいってしまいそうなくらい華奢で、虚弱であることが彼の弱みだった。十代の頃、明治天皇が江戸を東京と改名し新しい首都にしようとしたことから、治五郎も父とともに神戸から東京に移り住む。都では、友人たちから体格についてからかわれ、つらい思いをしたという。しかし治五郎は、将来何かを成し遂げなければならないと自覚していた。十七歳で文学と哲学を学ぶために大学に入学し、同級生のなかでただ一人、日本の近代化によって忘れ去られていた格闘技「柔術」を学ぶことを決意したのだ。

第四章
スポーツへの情熱

柔道は、原点と歴史をもつスポーツである。そのことは、子どもだった私にもよくわかった。その慣習に徹底的に従うか、あるいは無視しつづけるか、そのどちらかしかない。「柔道をやってきた」有名人はたくさんいる。ロンドン柔道連盟の副会長を務めたイギリスのコメディアン、ピーター・セラーズ〔一九二五〜一九八〇年〕、茶帯をもっているフランスの女優、レティシア・カスタなど、枚挙にいとまがない。一九一八年に設立されたロンドン初の柔道クラブ《武道会》〔ヨーロッパ最古の日本武道の道場〕の記録によれば、ミック・ジャガーもその一人だったようだ。ロック史の研究家や、タバコをくわえたままミックが観客の真ん中を動きまわるのをあっけにとられて眺めていたキース・リチャーズにとって、ミックが柔道経験者であることはさほど不思議ではなかったかもしれない。

一方で、相手をつかみ、投げ、絞め、身体が擦れ合うほどに組み、ぶつかり合い、いつ怪我をするかわからない激しさで関節をねじられる……。そういった技を受け入れられず、逃げ出した人も無数にいるだろう。他のスポーツがもっと直接的で華やかな魅力をもち、強くなればお金になるのに対して、柔道は、初段をとるだけでも努力を重ねて精進する必要があり、「武道」に由来しているがゆえの厳しい規律を課される。それにたじろぎ、前に進めなくなった人も大勢いるはずだ。サッカー、テニス、ゴルフは「プレー」するものだが、柔道は、私にとって最初の冒険ともいえる自転車と同じで、「プレー」するのではなく、「実践」すべき個人競技だ。

柔道は、自分の将来に無頓着な者が実践するプロレタリアのスポーツだった。二十歳で世界チャンピオンとオリンピック金メダリストになったティエリー・レイ〔ベルギー出身のフランスの柔道家〕でさえ、INSEP（フランス国立スポーツ体育研究所）に小さな部屋を一つ与えられただけで、子どもたちに柔道を教えて小金を稼ぐしかないのに比べ、テニスの世界では世界のトップ10に遠く及ばないフランスの選手たちでさえ、ポルシェを買える。

柔道は、教えるのが難しいスポーツでもある。十歳の子どもは、礼儀正しく振る舞うよりいたずらを考えるほうがいいに決まっている。柔道では、裸足のままおかしな服を着せられて、頭のなかに一つずつ叩き込まれる教えをおとなしく聞いていなければならない。子どもの頃の私は、学校が好きで成績もよかった。ただし学期末になると、「勉強はできますが、真面目な生徒ではまったくないですね」という言葉が教師の口から繰り返され、両親をがっかりさせた。だが、「もっとできるはず」というコメントほど、子どもたちにとって残酷で（当時はそう感じた）、巧妙な（いまではむしろこう思える）言葉もないだろう。期待しているように見せかけてその子を駄目にしてしまう言葉だ。子どもたちは、命令によるのでも義務によるのでもなく、いつか自分自身の力で前に進むことができると知っているはずだ。

何かを好きになるときには、それに少し近づいただけで好きだとわかることが多い。柔道の最初の手ほどきで、私は柔道を好きになった。枠で区切られた道場内での一時間の稽古、明確に決められている数々のルール、そして何より優先される集団行動。どれもがちょうどよかったのだろう。というのも、私は仲間たちと徒党を組むのが得意だったからだ。先生は個人スポーツを集団で実践する意義について語った。集団だからこそ勢いが生まれ、一人では何もできなくても他の人といっしょなら何かが生まれる。当時の私は大人がえらそうに話しだしただけで聞こうとしなかった（最近でこそ、そういう演説にはめったに出会わないので、私も多少は耳を傾けるようになったが）。だが、そのときの先生の話だけはたしかにそのとおりだと思った。道場では、先生は一人ぼっちの子や途方に暮れている子の面倒を見てくれ、気まぐれ者、いたずら者、エゴイストはすぐに鍛え直される。柔道経験者ならわかると思うが、そもそも柔道は、興奮した者を落ち着かせ、臆病者を安心させてくれるスポーツだ。家では小さな王様のように振る舞う子どもも、柔道では形なしだった。

そんなわけで、一九六九年九月、私は初めて畳の敷かれた道場に足を踏み入れた。両親は四年間パリで暮らしていたが、当時の政治的混乱〔一九六八年五月、政府の教育政策に反対するパリの大学生による暴動をきっかけに労働者や市民の反体制運動が広がった。《五月革命》とも呼ばれる〕のために、その後、自分たちのルーツであるドーフィネに近いリヨンに移り住んだ。二人とも旅人だった――子どもたちもやがて旅人になった。私たち一家は季節ごとに旅行に出かけたが、両親はいち早く「頻繁に旅に出るべきだが、あまりに長く故郷から遠ざかっていてはならない」という教訓を学んだ。ブルース・スプリングスティーンも、ブロードウェイのウォルター・カー劇場のステージでこう言っていたではないか「僕は『明日なき暴走《ボーン・トゥ・ラン》』〔一九七五年に発表した三枚目のアルバムの代表曲。原題は「Born to Run」〕を書いた男だが、七十歳になっても、生まれた場所から十分しかかからないところに住んでいる」。

私はそのとき九歳だった。毎年恒例のグルノーブル近郊で行われる農家の祭り《ボークロワッサン見本市》も終わり、新学期が始まる時期だった。母は姉と弟と私を、父の勤務先であるＥＤＦ（フランス電力）の柔道クラブに入会させた。「あなたはやんちゃすぎたから、柔道でもやらせたらって勧められたのよ」母は最近になってそう話してくれた。私たち一家は、リヨン北部の郊外、カリュイルという小さな町に住みはじめたところだった。レジスタンス〔第二次世界大戦中のフランスやヨーロッパ各地で起こった対独抵抗運動〕の指導者ジャン・ムーラン〔一八九九～一九四三年〕が逮捕された場所として悲劇的なイメージをもたれている町だ。

私たちの家のあるモンテシュイの丘の斜面からはローヌ川岸が見渡せ、対岸にはリヨン国際見本市の会場があった。それは壮麗な正面《ファサード》を持つパリのかつての映画館《ゴーモン・パラス》のようなところで、映画好きの私はのちに定期的にそこに通うようになる。

あの日、母は何を思って、子どもたちを「柔道」の道場に行かせたのだろう。というのも、我が家はとりたててスポーツ一家ではなかったからだ。ただし、スキーにだけはよく行った。一九六七年二月にスキー好きの父が私たち家族をオートザルプ県にあるラ・グラーヴという村のシャズレという小さなスキー場に連れていってくれたことをいまでも思い出す。アルプス山脈の一つメイジュ山。ふもとに荒々しい急流が走るこの山は、まばゆいばかりの美しさを見せる反面、冬は神々にまで見放されたような厳しさだ。その魅力を知ることができるのは、落胆と孤独と寒さを克服できる者だけと言われていた。つまり、大手のスキー場にとって魅力的に見えるもの、つまり面白おかしいものなど何もない場所だった。

面白おかしいどころか、私たちはスキーをするために、ヴァンテロンの集落からレ・クロの村まで、氷のように冷たい風のなかを四十分もかけて徒歩で山道をのぼっていかなければならなかった。春になってようやく、トラクターやジープで入っていけるような村だった。パリのジャーナリストたちが、メジェーヴの村や、サヴォア地方特有の別荘、さらにはメジャーなスキー場しか紹介しようとしないのも当然かもしれない。ブリアンソンさらにはイタリアにまで続く峡谷に向かって傾いているようなロータレ山の頂上に立った私は、ガリビエ峠に通じる小道を見て、いつかこの道を自転車で通ってみたいと思ったものだ。一一月以降は雪と悪天候で通行禁止となり、一年のうち半年は閉ざされてしまう道だった。

一九六八年、フランスのグルノーブルで冬季オリンピックが開かれた。都市の近代化を具現化したようなグルノーブルの高地で、ジャン＝クロード・キリー〔フランスの元アルペンスキー選手。グルノーブル・オリンピックでは出場した三種目すべてで金メダルをとった〕が不遜ともいえる若さで大活躍した大会だ。だが、グルノーブルには当時の輝きはほとんど残っていない。その後、この街もその郊外も政治家から見放されてしまったからだ。団地住民を中心に一部の人たちがボランティアで活動をしているが、それ以外は、もはや誰もこの街の活気を取りもどそうとしているようには見えない。

ロバート・レッドフォードはかつて「ジャン＝クロード・キリーになりたかった」と言ったが、そのキリーが引退を表明すると、私はフランスの他のスキー選手にあこがれた。最近、久しぶりにスキーをしてみたが、コブを攻めすぎたからか「七〇年代の滑りだね」と言われた。私はそれを褒め言葉だと思うことにしたが……。

そんなふうに、高い山や雄大な景色を背景にスポーツをしたが、我が家にはあまりゆとりがなかったので装備はすべて中古品だった。木製のスキー板、ねじ式の金具、編み上げ靴にワイヤー式のビンディング、間に合わせのアノラック、毛糸のミトン、母の手づくりのレッグウォーマー。アザラシの皮をまとってノワール湖に出かけたこともある。周りの目が気にならなかったといえば嘘になるが、子ども心に重要なのは才能であって装備ではない、ましてやウェアやサングラスが大事なわけではないと思おうとした。その後、カンヌ映画祭の会場《パレ》の地下駐車場で、急いで整えたタキシードもどきに身を包み（かつては私もそんな感じだった）、カメラに向かってウインクしたりインスタグラムで生活の一秒一秒を見せびらかしたりする余裕すらない若い俳優たちを、カンヌの階段の上で迎えるときに私はその教訓を思い出す。

私たち兄弟はひとたびゲレンデに出ると、レンタルショップでの恥ずかしさが傲慢さに変わった。いとこのフィリップやデュピュイ家の四人の息子たちともよくスキーに出かけた。彼らからはロシニョールやダイナミックの板や革紐付きのルックのビンディングを貸してもらうこともあった。弟のパスカルは、神に祝福されているのではないかと思うほどスキーの才能があった。山の上では、どんな恰好をしているかなどどうでもいい。遠くから見ても、フルスピードで滑ってくる弟のウェアの素材など誰にも見えないからだ。私たちは自分たちより上手に滑っている人がいないかとゲレンデのあちこちを見てまわった。一人でも見つけたら、その人の周りをわざと滑りまわり、羽根を広げたクジャクのように自分たちのほうがすごいところを見せつけようとした。

思いがけないコースをとりながら、エンパリ高原を一日に二百回も下りていく。これ以上に楽しいことなどなかった。私たち兄弟はこうして山で育った。私が雪のなかで撮影された映画に特別な思い入れがあるのは、そのせいかもしれない。たとえば、一九五六年のジョン・フォード〔一八九四～一九七三年〕監督のアメリカの西部劇『捜索者』〔一九五六年〕。それにしても、アイルランド系のジョン・フォードが時間の経過を表現するのに雪を降らせるのが一番だと思ったのはどうしてだろう？ 春になると、私たちは一面の粉雪のなかを何時間もウェーデルンで滑り、太陽の最後の光とともにクロ渓谷に下りてきた。そこには、メイジュ山を正面に見ながら、空の真下にそびえるラトー山の尾根のように、美しい石造りの家々が並んでいた。

母は私たちの世話だけでなく、すべてのことに熱心で、しかもフットワーク軽くこなしていた。だが、スポーツだけはしなかった。母がタバコに火をつける以上に頻繁に何かをしているのは見たことがない。私が『レキップ』〔一九四六年に創刊されたフランスのスポーツ紙〕を買いはじめると、「スポーツだけで日刊紙がつくれるなんて」と驚いていた。いまでも、私がタブレットで『レキップ』を読んでいると母は驚きを隠さず、四十年前と同じように「『レキップ』って本当に毎日出てるの？」と訊いてくる。

父はテュランの農家に生まれ、フレモー家の農場での生活は厳しかった。一九六〇年代に生まれた子どもたちは、当時まだ農業国であったフランスでどんな生活を送っていたか、いまでは想像がつかないかもしれない。親に限らず、祖父母、叔父、従兄弟などが、私たち兄弟をよく「田舎に」連れていった。バカンスから帰るときには果物や野菜やジャムを車いっぱいに詰めこみ、「これでしばらくは大丈夫だ」と安心したものだ。一家の農場があるシューニュでは万能の母親が女王だった。それに比べれば、『風と共に去りぬ』〔ヴィクター・フレミング監督、アメリカ、一九三九年〕のヴィヴィアン・リー〔イギリスの女優。一九一三～一九六七年〕は、まるで気弱な子守にしかみえないだろう。農場ではスポーツをすることは時間の無駄だと思われた。それでも、私の叔父のキキは、小さい頃にラグビーを始め、最初はローマで、次にヴァランスでパワフルなセカンドロー〔ラグビーのFWのポジション。スクラムを組むときに二列目に位置する〕として活躍した（残念ながら、私自身には叔父と同じＤＮＡがないようだが）。村のクラブが盛んで体格のいい大男がタッチラインに飛び込み、スクラムでそっと相手を殴るような時代だ。叔父は、ジュニア時代にインターナショナルチームに何度も選ばれ、まだ運転免許をとれない年齢で車をもらい、引退する前からすでに「引退後に経営してほしい」とカフェからオファーを受けたという（叔父はさすがにカフェのオーナーになりたかったわけではなかったが）。一九六〇年代では、アマチュアスポーツで成功するとそんな感じだったのだ。ある日、叔父は膝を怪我し、オールブラックス〔ラグビーのニュージーランド代表チームの愛称〕と対戦する夢は絶たれた。そこで、イゼール平野の畑やヴェルコールの森に戻り、大型トラクターに乗った。その後、亡くなるまでブナやモミの木の伐採に従事した。

このように、私の子ども時代にスキーやラグビーは身近にあったが、柔道とは縁遠かった。「JUDO」という言葉も、マンガのなかの怪しげな駄洒落（「le jus d'eau《ジュドー》（水のジュース）、なんだそれ？」）でしか見たことがなかった。勉強に向いていないので、自分の意思に反して寮制の学校に入れられ、クリュニーの国立高等工芸学校に進んだ父と同じように、私も厩舎や干し草置き場やクルミの乾燥機とともに暮らしていたら、それはそれで幸せだっただろう。私たちの家では、一九六八年の五月革命のときに架けられた橋がまだ壊されておらず、政治と革命への願望が、ときに痛みをともないながらも今日では理解しがたいほどの熱い情熱で行動や会話を支配していた。私たちは、『パルチザンの歌』〔第二次世界大戦中のナチス・ドイツへのレジスタンス運動の応援歌〕、二十世紀初めにつくられた革命の歌『ジューヌ・ガルド』、バリケードで書かれたドミニク・グランジ〔社会運動に身を投じたフランスのシンガーソングライター〕の歌などを覚えたものだ。そこには、偉大な人々、活動家の暮らし、自分に約束された社会参加《アンガージュマン》の世界があった。柔道が自分のもとにやってくることを私はまだ知らなかった。スポーツへの情熱という、やがて、オリンピック・リヨンが因縁のライバルとの対決に負けた（いまや負けることなどほとんどないが！）という悲しみの夜でさえも決して冷めないほどの熱病に、自分がかかってしまうとは思ってもみなかったのだ。

第五章
故《ふる》きを温《たず》ねて新しきを知る

一八七〇年代の終わり、東京はすでに世界でもっとも人口の多い都市の一つだった。嘉納治五郎は、図書館や教室を出ると好奇心の赴くままに面白い場所を探し歩いた。勉強は好きだが、それだけでは物足りず、戦い方を学びたかった。通りでは、西洋人と同じようにシルクハットをかぶった新しい貴族階級の連中が人力車に乗って行き来しているが、治五郎はそんなものには目もくれずに狭い路地に入りこみ、暗い建物の間を進んでいく。秘密結社のように徒党を組む男たちとひと悶着起こす危険も顧みず、その足どりは毅然としていた。

そもそも治五郎は、日本の軍事力を高めることに貢献しようとして強い肉体を求めたこの時代の人たちとは反対に、自分の身体のことはあまり気にしていなかった。家族も誰一人、治五郎に身体を鍛えさせようとはしなかった。頬がふっくらして腹も出ている治五郎は一見したところ、動物的な残忍さと神道の抒情的な神聖さをあわせもつ戦いである「相撲」の力士のようだったが、身体は小さく、虚弱で顔色もよくなかった。治五郎は、そんな青春時代のひ弱な自分から抜け出したかったのだ。「今後は攻撃防禦の方法たると同時に貴重なる原理の研究とか身体精神の鍛練修養の方法としてこれを教えなければならぬ。また一流の柔術でなく諸流の長を採ってこれに適当な工夫を加えて、今日の世に益するようにせねばならぬ」（『嘉納治五郎著作集 第二巻（柔道篇）』五月書房、一九八三年）一九一五年、嘉納治五郎はそう書き著した。治五郎は、「柔術」という言葉を聞いたことがあっただけで、それが何かはほとんど知らなかった。だが、「ときには柔軟性が力に勝る」という柔術のシンプルな考えが治五郎の興味を引いた。肉体に対する精神の超越。これも彼の体型にはうってつけだった。生まれつき小柄な者は独自の武器でなんとかするしかない。治五郎の頭にはずっとその思いがあり、それがのちに嘉納流柔道をつくるきっかけにもなった。

素手で身体と身体をぶつけ合って戦う柔術は、三世紀近く続いた江戸時代、武士によって盛んに行われた。山や谷が多い日本には数百ともいわれる柔術の流派が存在した。それぞれに独自の戦い方があり、それが武士としてのプライドをつくりあげていた。ところが、時代は変わった。武士道を重んじる天皇の勅命とは裏腹に、刀を使わない柔術ですら、過去の幕藩体制を思い起こさせるものの一つとしてだんだん推奨されなくなっていく。

犠牲的精神と斬首の時代、つまり武士が英雄となるような激情と死の神話の時代は終わろうとしていた。「殿、お命じいただければ切腹いたします」。武士道とは、十六世紀以降の日本ですべての武士から敬われてきた、宗教的ともいえる規範であり、倫理でもある。だが、腰に刀を差し、槍と幟《のぼり》を掲げて敵に立ち向かっていく兵士や軍が消滅していくと、その教えは新しい世代に引き継がれなくなった。街中の広場や田舎道では、人生に絶望して酒の飲みすぎから顔がむくみ、頭はぼさぼさの乱暴者たちがまるで脱走兵のように振る舞い、手あたり次第に喧嘩を売っている。武士たちの特権は廃止され、いまや彼らの世界は夜の影のなかに消えていこうとしている。忠誠を誓った領主は没落し、失われた威信を取りもどそうとしてもうまくいかない。志士たちには、自分たちは歴史から追い払われ、目に見えない存在となるよう宣告が下されたとわかっていた。大名たちの国はもう存在しないのだ。

さらに悪いことに、帯刀を承認していた幕府が消滅したことによって刀を持ち歩くこともできなくなる。柔術の人気も下がり、道場も急激に減っていく。数少なくなった道場で、柔術家たちは西洋化に対抗して守るべき伝統の一つとして柔術の火をなんとか絶やさないようにと必死だった。そんな柔術家のなかに、天神真楊流《てんじんしんようりゅう》の師範、福田八之助《ふくだはちのすけ》〔一八二八〜一八七九年〕もいた。若き治五郎はこの福田の下で柔術の修行をする。熱心だった治五郎は、ある日、天皇陛下を訪問したユリシーズ・グラント元アメリカ大統領（一八二二〜一八八五年）の前で技を披露するという大役を果たすことになった。

関係者の視線が集まるなか、治五郎はみごとに実演してみせた。かつて自分を卑下していた治五郎はアメリカ大統領の面前での功績ですっかり名をあげた。ところが、栄光の瞬間が過ぎて日常に戻ったとたんにその高揚感はしぼんでしまう。通っていた柔術の道場は居心地が悪く、仲間も少なく、稽古はひたすら厳しかったからだ。

それでも、治五郎は絶望することなく、夢を追い求めた。精進を重ね、自分に不足しているものを補い、わずかなことで弱点が利点になり欠点が切り札になることも発見した。「しかるに一年、二年と時を経るうちにだんだんと身体に変化を見るようになり、三年も修行を続けた後は肉付が著しくよくなった」（『嘉納治五郎著作集 第二巻』）と嘉納自身も言っている。

それだけでなく、彼は別の大発見をしていた。新たに手に入れた肉体の強靭さが別の変化をもたらしたのだ。「かつては非常な癇癪持で、容易に激するたちであったが、柔術のため身体の健康の増進するにつれて、精神状態も次第に落ちついてきて、自制的精神の力が、著しく強くなって来たことを自覚するに至った」（『嘉納治五郎——私の生涯と柔道』日本図書センター、一九九七年）と彼自身が振り返っている。また、それこそが柔道をつくりだすのに重要だった。柔道家は、決して攻撃的であってはならない。何より大事なのは、自分に妥協しないこと、決して落胆しないこと、かっとなないことだ。さらに嘉納は柔術で教えられたことを改良し、自分の重心が低いことを利点として活かし、背の高い相手とも競えるようになった。背が低くがっしりした体格は、彼がいままさにまとめあげようとしているスポーツにむしろ適していた。嘉納は日々熱心に柔術の稽古に励んだが、稽古が終わっても柔術の資料に当たったり、黄金時代を生き抜いてきた柔術家たちの話を聴きにいったりした。周囲は、そんな行動を好奇心と興味をもって見守っていた。嘉納は生涯、柔道は古くからある土台の上につくりあげたものだと言いつづけた。若い頃に多くの高名な師範に柔術を学び、長年の徹底した研究と豊かな経験の結果である彼らの知恵が非常に有益だったのだ。

柔術は、体術《たいじゅつ》、拳法《けんぽう》、小具足《こぐそく》、白打《はくだ》、和《やわら》など、さまざまな名称で呼ばれていた。柔術の歴史は複雑で、その起源については諸説あり、特定するのは難しい。明らかな資料が残っているわけではないが、アジア諸国で学んだ後に日本に新しい技を持ち込んだ柔術家もいれば、あちこちで輝かしい勝利を収めて名を馳せた柔術家もいるようだ。そのうちの一人は、死者をよみがえらせることができると有名になった。実際には、巧みな技で相手を気絶させ、そのあとで「活」を入れて意識を戻させるのだが。秘伝として守られつづけたその技は、柔術というこの秘密文化をつくりあげる要素の一つでもあった。

嘉納治五郎は、柔術に熱心に取り組み、そこからいくつもの技を編み出した。さらに柔術の教えを絶えず研究し、とくに以下の教えから教訓を得たようだ。

・強情にならずに柔軟性で制すること
・気がそぞろにならぬようにすること
・勝ち負けにこだわりすぎないこと
・冷静さを保ち、喧嘩に巻き込まれたり非難されたりしないようにすること
・どんなときでも穏やかでいること

皮肉っぽく逆のことをいわれがちな変化の多いこの時代にこそ、私たちはこれらの教えを参考にしなければならないのではないだろうか。

柔道の大原則が芽生えつつあった。精神的な教え、肉体としてのスポーツ、そして新たな創造。その三つを基礎として柔道は誕生する。嘉納治五郎は、教育的レベルに到達するためには技術を超え、精神的なレベルに到達するためには肉体を超えることが必要だとわかっていた。そして、肉体の開花なくして精神の発達なく、他者への配慮なくして自己の充実はないと考えた。一九二〇年代、日本社会の軍国主義化に対して不信感を抱いていた嘉納は、柔道を好戦的な感情とはほど遠い、スポーツと教育の場にしようとしていたのだろう。

柔術のいくつかの流派を学んだ嘉納は、自分の学校を設立する決意をした。この時代、それは驚くことでもなければ、身分不相応な判断でもなかった。というのも、すでに実に多くの流派が存在し、それぞれが独自の起源をもっていたからだ。嘉納はそこにまた新たな自分の流派を加えたにすぎない。とはいえ、まさか自分の流派の登場によって他の流派が色褪せ、やがて、それらがことごとく姿を消していくなどとは思ってもみなかっただろう。この点もまた、リュミエールによるシネマトグラフの登場とまったく同じである。

一八七九年、嘉納は、独自のスタイルをさらに深めていた起倒流《きとうりゅう》〔江戸時代初期に開かれ、天神真楊流とともに講道館柔道の基盤となった柔術の流派〕の者たちと稽古に励んでいた。ある日、師範の福田が突然この世を去り、福田の後任に嘉納はどうかという話がもちあがる。嘉納はまだ二十歳にもなっていなかったが、東京大学で文学、美学、哲学、財政学を学び、すでに膨大な知識の蓄えがあった。嘉納自身も、自分が編み出しつつあるものを弟子たちに伝えていくだけの準備が整ったと実感していた。

そして、一八八二年の春。サムライの夜から抜け出てきたかのように、東京で柔道が誕生する。柔道を確立したその学校は《講道館》と呼ばれた。「原理が明らかになる場所」、すべての柔道家にとっての「道を示すところ」という意味である。

第六章
生きている実感

一九七〇年九月、ＥＤＦは、リヨンの北に位置する、池が多く野鳥であふれた地方、ドンブのサントクロワ村に約十ヘクタールのレジャーセンターを開設した。私が最初の一歩を踏み出そうとしていた柔道クラブの道場は、そのレジャーセンターのなかにあった。道場といっても土木機材置き場の片隅に建てられた埃っぽいプレハブ小屋で、天井の羽目板は朽ちかけ、床に畳を敷いただけの場所だった。その頃、私はフランスの各地に柔道クラブがあることは知っていた。たいていは、柔道というスポーツがフランス全土で何千人もの子どもたちを集めるほど盛んになってきたのに乗じて、市町村が間に合わせで見つけた場所につくられていた。

毎週木曜日の朝、数台のバスが町のあちこちで子どもたちを拾い、このセンターまで連れてきて、夕方にはまた送っていく。私にとって、午後にスポーツができる日は開放感にあふれた一日となった。その目玉はなんといっても柔道だ。三年間、柔道のおかげで私は完璧に幸福な日々を送ることができた。もちろん、子ども心にもいくつか心配事はあったが、そんなものはあとから思えば笑い話にすぎない。

私たちの柔道の先生はエルネスト・ヴェルディーノ〔一九三三～二〇一四年〕という名で、子どもたちは「先生」とか「ムッシュ」と呼んでいた。ヴェルディーノというからにはイタリア系なのだろう。柔道に限らずスポーツ全般にいえることだったが、当時スポーツに打ち込む者はたいてい、上流社会の人間ではなかった。ただし、初期の頃の柔道は、お金とセンスがあり、さらには上流社会では珍しく流行に乗ってみるという勇敢な数人のエリートたちが教えていた。だがその後、一九六〇～七〇年代から今日に至るまで、柔道の指導者は庶民の出が多い。そのほとんどは、軍隊でスポーツと出会い、兵士の宿命である社会的従属を頑なに拒否し、柔道こそが自分が頂点にのぼりつめるための輝かしい道だと悟った人たちだ。柔道の指導者の誰もが、教育することの幸せや生徒たちの感謝のなかに自分の存在を満たすだけのものがあると実感しているのだろう。

ヴェルディーノ先生は四段だった。当時、四段は、フランス柔道界の伝説的人物、アンリ・クルティーヌ〔一九五六年の第一回世界選手権大会で銅メダルを獲得。一九三〇～二〇二一年〕やベルナール・パリゼ〔一九五五年、一九五七年、一九五九年のフランス選手権大会で、すべてのカテゴリーで優勝した。一九二九～二〇〇四年〕のような特別な柔道家以外は到達できない最高の段だった。ヴェルディーノ先生はたくましく、しかも美形だった。鼻がつぶれていたり、首が太くて短かったり、耳がぴんと突き出て皺だらけだったりという柔道家にありがちな風貌ではなく、いわゆる二枚目だった。ただし、私たちへの指導の仕方は、思わず見とれてしまうようなその美しい身体とは対照的だった。

誰もが、畏れと憧れをもって先生を見つめた。子どもだった私にはずいぶん年をとって見えたが、当時おそらく三十歳そこそこだったのだろう。畳の上では計算し尽くされた無駄のない動作で自然に動きまわる。そこには過剰なものは何一つなかった。柔道着には完璧にアイロンがかかっていて、私たちの皺くちゃな柔道着とは大違いだった。当時、黒帯を締める資格があるのは明らかに先生だけだと思えた。もし先生より柔道が強い人間がいるとわかったら、私たちはきっとどうしていいかわからなくなっていたことだろう。

先生のそばには、ジャメルという名のアシスタントがいた。ジャメルの身体は鍛えあげられ、技についてなんでも知っていて、いつでも先生に言われたとおりに的確に動いた。稽古では、必要とあらばいつでも倒される相手となり、帯も紫色〔フランスでは、帯の色は白、黄、オレンジ、緑、青、茶、黒に分かれている。ただし、茶帯の技量があるが若すぎる者のために茶の前に紫色の帯がある〕で、他の子たちとは一線を画していた。私たちの数年先を行くジャメルは才能にあふれ、私たちの分身というよりは見習うべき手本だった。私たちはまだ名前もないエキストラ、一方のジャメルは王国の若き王子役だった。デューク・エリントン〔一八九九～一九七四年〕にとってのビリー・ストレイホーン〔アメリカのジャズピアニスト、作曲家。一九一五～一九六七年〕とでもいえばいいだろうか。エリントン楽団でセカンドピアノを弾き、ときには『A列車で行こう』といった珠玉の名曲を作曲するストレイホーンは、まさにエリントンの右腕だった。

この最初の柔道の師、ヴェルディーノ先生の声はいまでも耳に残っている。自分の若い頃のことを思い出すと必ず先生の顔が思い浮かんでくるほどだ。私がこれまで出会ってきた多くの師と同じように、先生は気高さと落ち着きを兼ねそなえていた。少なくとも私にはそう見えた。先生の動作、手ぶり、言葉、そのすべてが次に何が起きるのかを知りたくてたまらない気分にさせた。私たち子どもにとって、先生は不滅だった。

道場自体は決して魅力的とはいえない場所だった。窓もなく、灰色の空に面した天窓から光が射しこむだけで、詩心をくすぐられるようなものは皆無だった。だが、その場を埋め尽くす子どもの一団は、このにわか道場に命を吹きこむのに十分だった。私たちは一人ひとり、柔道着と白い帯を貸してもらった。帯は、ガーランドのように輝く布をハサミで適当な長さにカットしてつくられる。黄色、オレンジ、緑、紫、茶色とさまざまな色の布が並んでいた。子どもたちは、畏れ多さと好奇心が入りまじったまなざしで、いつの日か自分も手に入れられるかもしれない段位の証である、その布を眺めたものだ。

最初の頃、私たちはよく、ヴェルディーノ先生に稽古の前は畳に礼をするようにと叱られた。日本には、状況や相手に応じて敬意を示すためにお辞儀をする習慣がある。おそらく、握手は衛生的でないと考えられているからだろう。漫画のなかでも、成瀬巳喜男の映画のなかでも、国際会議の場でも、日本人はいつでもどこでもお辞儀をする。柔道においても、立礼《りつれい》（立ったままのお辞儀）や座礼《ざれい》（膝を床につけたお辞儀）をすることで、畳、師範、相手などに敬意を表さなければならない。私も初めての稽古で礼の仕方を習った。そのときはもちろん、やがて自分が何千回も礼をし、自分の生徒に厳しい口調で礼をするように言う日が来ることになろうとはまったく思っていなかった。

礼は対戦においてだけでなく、稽古のときでも相手との関係の基本となるものだ。礼をすれば、すぐに両者が対等になり、平和的かつ厳粛な雰囲気がつくりだされる。いまや男同士が抱き合ったり握手をしたり、指輪をつけた拳と拳をぶつけるラッパーたちのお決まりにしたがったりすることが新たな社交界のルールや都会の習慣になっているが、それでは相手に対する誠実さまでは伝えられないだろう。

ヴェルディーノ先生との最初の数週間はまるで夢のように過ぎていった。先生にはまったく横暴なところがなく、穏やかに柔道の礼儀作法を教えてくれた。倒れる稽古とでんぐり返し競争についてはすでに述べたとおりだが、私は自信をもちはじめていた。何人もの仲間の上を飛び越えるのは大好きな稽古で、その時間が来るのが楽しみだった。それはいつもウォーミングアップをしてから、稽古の最初の三分の一ぐらいが過ぎた頃に行われた。そのあとは技の稽古だ。まずは畳の上に寝転がって、それから立って投《なげ》の稽古をする。

私はすぐに柔道が好きになり、これは生涯のスポーツになると思った。そして柔道に、パワー、精神、空間、音を感じ、柔道には自分の力を決して出し惜しみしなかった。家ではちっとも家事を手伝おうとしないのに、柔道の稽古の前には畳の上を自ら掃いてきれいにする。授業中は先生の言うことを聞かないくせに、道場では先生の話の邪魔になるうるさい連中をたしなめた。新たな魔法に魅入られた私は「柔道師範の助手」になることを誰よりも真剣に夢見ていた。それを自分の仕事にしようと考えていたのだ。家族の誰もが、私の柔道に対する情熱は気まぐれなどではまったくないことを理解してくれていた。

柔道は、私のなかに文字どおり入りこんでいった。当時の私にとって、木曜日は道場に通う神聖な日になった。ルール、教え、伝統にしたがい、技を完璧にマスターできるまで何度も時間をかけて繰り返す。暴れん坊の私が、道場では聞き分けのよい子に変わる。いつだって学校に行くための支度はなかなかやらないのに、稽古の前日にはいそいそと柔道着の用意をした。母親に誇らしげに柔道着の洗い方やたたみ方を教えたものだ。

柔道の稽古は一時間。高揚感に包まれ、身体が躍動し、わくわくする時間だった。言葉一つ、動作一つに学ぶことの奇跡が起き、子どもの魂が揺さぶられる。稽古が終わる寂しさを、翌週また柔道ができるという安心感が紛らわせてくれる。最後に全員で集まり、静けさのなか正座をして、稽古の終わりを告げる「礼！」という日本語のかけ声を待つ。畳に礼をする瞬間、時間が止まり、心身が空になる。

ロッカールームでは、私たちの叫び声と迎えにきた親たちのざわめきが混ざり合い、それはそれは賑やかだった。夜になると、私は新しく習った腰《こし》、足《あし》、刈《かり》、打《うち》といった不思議な音の言葉を思い出しながら、日本語の技の名前を紙に書き留めていった。道場の壁に掛けられていた一覧のおかげで、私にも嘉納治五郎がどのように柔道の教えをまとめたのかがわかりはじめていた。柔道は、不思議な空気がただよう世界に誘ってくれた。このスポーツは私のためにある。そう思った私は、柔道のことばかり考えていた。

先生は、私がやる気満々で稽古に励んでいることに気づいたのだろう。ある日、生徒たちに静かにするように言うと、畳の真ん中に私を呼んだ。

柔道を始めてから三カ月。そろそろ黄帯への昇格の時期だった。先生はそうやって、ときどき何人かをテストしていた。私はすぐに畳の真ん中に行った。そして、倒されることを嫌がらず態度も体つきも体重も私と釣り合っていると思われる一人を、相手として選んだ。彼は受《うけ》、つまり倒れる側で、私は取《とり》、つまり倒す側だ。私は注意深く右手を相手の襟に添え、左手で相手の袖をつかむと、相手の柔道着のざらざらした布を指で強く握りしめた。相手も同じことをする。私は嬉しさと恐怖心に揺れながら、大腰《おおごし》を仕かけた。大腰《おおごし》とは直訳すると「大きな腰」で、「腰で大きく投げる」あるいは「腰で大きくつかむ」という意味だ。まずは相手のバランスを崩すと、片方の腰に重心をかけて相手を思い切りひっくり返した。

左からも右からも同じように大腰《おおごし》をかけた。よく知られているように、左利きの人は右利きよりも両方の手を使うのがうまい。私の相手は大きな音を立ててあざやかな倒れ方をしようと気を配っていた。おかげで、私の技は最後までうまくいった。

大腰《おおごし》の次は大外刈《おおそとがり》だった。そのあとは一本背負《いっぽんぜおい》。だんだんと怖さが楽しさに変わっていく。私は自分がこれまでに習得してきたことをすべて披露した。積極的に、そして自信をもって。まだ子どもだった私にもそれが大事だと思えたからだ。さらに、稽古のメニューには入っておらず正式には教わっていないのに、密かに稽古していた技までやって見せた。先生は驚くようすもなく、私の動きを正そうともしない。いい兆候だ。

先生が、大きな声で技の名前を言うようにと命じる。五つともなんという技か知っていたのですらすらと言えた。日本語の技の名前はまるで魔法のように響いた。すると、先生は手をパンと叩いて、別の生徒を呼んだ。私は、「私の」受《うけ》を完璧にこなしてくれた相手に礼をした。そして、元の位置に戻ると膝をついた。私は難関を突破した。あと数週間で黄帯になれるのだ。

それは、私を舞台に押し上げ、嵐のなかに光を見せてくれる出来事だった。誰かにこれほどじっと見られたのは初めてだった。母でも父でもなく、夏に私をシューニュの家に連れていってくれる愛すべき叔母でもない人物が、思いやりを込めたまなざしで私をじっと見つめてくれた。第二の子ども時代が始まっていた。私は自分が生きているという心地よい実感を得ていた。そういう感覚は、こんなふうに実に些細なことによって得られるものなのだろう。

クリスマスには黄帯を手にすることができた。一月になると、すべてが変わっていた。白帯でなくなったことで帰属意識が生まれるとともに、クラブにやってくる初心者に先輩風を吹かせることが許されるようになった。

いつの日か、この世界のなかにある大事なものを見分けるにはどうしたらいいかがわかるだろうと思った。当時の私は見分けるにはまだ若すぎたが、こうして、柔道によって他では出会ったことのない何かを手にしていたのだ。

第七章　講道館

東京人である依田巽《よだたつみ》は、映画の星の住民でもある。ギャガ株式会社の代表として数々の映画祭や買い付け市場に足を運び、インディーズ作品を買い付け、売り、配給することで、若者を中心とした熱い日本の映画ファンたちに優れた作品を提供している。八十歳を超えているが、業界では「トム・ヨーダ」と呼ばれ、若者に負けず劣らずエネルギッシュだ。フットワーク軽く東京－パリ間を頻繁に往復する。惚れ込んだ映画監督の作品について熱っぽく話し、ついでに私たちにお気に入りのフランスワインを勧めることも決して忘れない。「あなたたち（の審査）に影響を与えようと思って来ているのではなく、単に友情を示すために来たのです」と彼は言う。まさにそうやって、彼は私たちに影響を与える。「もちろん、カンヌ映画祭は私にとってとんでもなく価値があるということは、お伝えしておきますがね」その口調には、感じのよさと「ヤクザ」っぽさが入りまじっている。あまりにエキゾチックなそのやり方にあっけにとられているカンヌ映画祭事務局の若い連中を尻目に、ヨーダは笑顔を振りまきながら帰っていく。彼は、私たちをお金で買収しようとしてもうまく行かないとよく知っている。

愛想のいいプロデューサーとしての物腰に、ほんの一瞬、血の気の多かった若い頃の姿が顔をのぞかせる。私は思わず、彼の完璧な仕立てのスーツの下に当時の名残りの恐ろしいタトゥーが隠されているのではないかと想像してしまう。ヨーダはすぐに礼儀正しい真剣な表情で映画の話に戻っていく。「是枝裕和がそれはそれはすばらしい映画を撮っているんですよ」ある晩、まるで予告編を見せられるかのようにヨーダに耳元で囁かれた。その作品『万引き家族』〔二〇一八年〕は、二〇一八年五月、カンヌ国際映画祭で最高賞のパルム・ドールを受賞した。

一九七〇年代後半、ジョージ・ルーカスがこのトム・ヨーダの存在を知ったのがきっかけで、『スター・ウォーズ』の《ヨーダ》というキャラクターが誕生したといわれている。だが、伝説の研究家たちによる別の説もある。ルーカスは、最初の作品『ＴＨＸ１１３８』〔アメリカ、一九七一年〕が失敗したにもかかわらず、カンヌのインターコンチネンタル・カールトン・ホテルで「銀河系の騎士、闇の支配者、光と死などなど」を描いた「ちょっとしたＳＦ作品」の契約にサインした。それが『スター・ウォーズ』だった。その頃のルーカスは東洋哲学にはまっていて、「ヨッダ」はサンスクリット語で「戦士」を意味し、「ヨデア」はヘブライ語で「知る人」を意味することから「ヨーダ」が誕生したという説だ。

『スター・ウォーズ』の緑の小男の元祖かどうかはともかく、トム・ヨーダはいくつになっても驚くべきエネルギーと揺るぎない芸術へのこだわりを示しつづける。一方で、生活ぶりはエレガントで、とても確かな審美眼をもっている。それはレストラン選びにも発揮され、自身でレストランを経営するほどだ。賑やかさをよしとするグローバル化されたアメリカンレストランや愛想の悪いギャルソンが給仕するフレンチレストランとは一線を画した、静かで洗練されたレストランだ。トム・ヨーダは、食に関しても決して妥協することがなく真剣なのだ。

少し前、私が製作・監督を務めた、リュミエール兄弟を描いたドキュメンタリー映画『リュミエール！』〔二〇一六年〕の日本公開に際して東京を訪れた。それはまさしく、映画のフランス語の副題と同じ「冒険の始まり」だった。成田空港に着いた私は、ブエノスアイレスのエセイサ空港に降り立ったときのように、この国は私の第二の故郷だと感じた。空港ではすぐに若者の一団に取り囲まれ、彼らに付き添われてミニバンに乗り込み、東京都心まで行った。白手袋の運転手はみごとなハンドルさばきで、高速道路の料金所もさっと通過していく。そして、私が柔道家であることを知っているトム・ヨーダは、講道館に案内するというサプライズを用意してくれていた。

一八八二年、東京大学で政治学と財政学の学位を取得した嘉納治五郎は、このあと何をすべきかを考えていた。彼自身、こう語っている「自分は若いとき大学を出て、総理大臣になろうか、それとも千万長者になろうかと考えた。しかし総理大臣になったってたかの知れたものではないか。千万長者になったってつまらないではないか。男一匹、かけがえのないこの生涯をささげて悔いなきものは教育においてほかに考えられない、という結論に達して、教育に向かった」（『嘉納治五郎――世界体育史上に輝く』逍遥書院、一九六四年）。嘉納は、清貧を誓う僧侶のように教育者というつましい立場に身を捧げ、天皇が望んだ首都の教育機関《学習院》の講師になった。

そして、一八八二年五月、二十一歳という若さの嘉納は、自分の柔術道場を開き、自ら教えることを決意した新しいスポーツを「講道館柔道」と呼ぶことにした。その道場は、東京下谷の北稲荷町にある永昌寺という小さな寺のなかにつくられた。最初に入門したのは、この新米師範がずっと以前から知っていた十七歳半の富田常次郎〔柔道家。一八六五～一九三七年〕だった。同年の六月から八月にかけて、樋口誠康《ひぐちなるやす》〔明治から昭和にかけての陸軍軍人、政治家。一八六五～一九四六年〕、中島玉吉〔京都帝国大学法科大教授。一八七五～一九六〇年〕、松岡寅男磨《まつおかとらおまろ》〔学習院体育教師を経て、古書店「南天堂」店主〕、有馬純文《ありますみあき》〔明治から大正時代の華族。宮内省に勤務した。一八六八～一九三三年〕と有馬純臣《ありますみおみ》〔学習院教授。一八六四～一九〇八年〕、さらに年末には、尼野源二郎と川合慶次郎が加わった。そんななか、もっとも異彩を放つ人物が現れた。十六歳の西郷四郎〔講道館四天王の一人。一八六六〜一九二二年〕だ。当時、世界はまだ嘉納の弟子たちが柔道という新しいスポーツを担っていくとは知らず、彼らもまだ自分たちがそうなることを知らなかった。弟子の数はまだ、たったの九人だったのだ。

著名な人物の歴史には、必ずといっていいほど運命を左右する重要な瞬間があり、伝記作家を喜ばせるものだ。だが、早くから自分の運命を予見していた嘉納治五郎にはそういう瞬間がまるでないように見える。西洋化志向の強いこの時代、嘉納の大学の仲間たちは、当時ほとんど脇に追いやられていた柔術に興味を示す嘉納に驚いた。嘉納自身は、自分が何をしようとしているのか、それがいかに大変なことかもわかっていた。日中は政治学を教えるために教壇に立ち、夕方になると一番に道場にやってきて弟子たちを迎える。加えて、生活費を補うために英語の翻訳もしていた。彼はかつて箕作秋坪《みつくりしゅうへい》塾で学んでいたため英語を流暢に話すことができた。英語で日記を書くことすらあった。嘉納治五郎はまた、日本人で初めて野球をした一人でもある。

嘉納は給料を全額、講道館に投じた。そうやって道場を開いたものの、場所は狭く、将来どうなるかもよくわからなかった。嘉納の道場には、提灯《ちょうちん》やろうそくはおろか伝統的なインテリアとして流行した掛け軸や屏風もなく、幅九十センチ、長さ一メートル八十センチの畳が十二枚敷きつめられているだけだ。つまり、約二十平方メートルという狭さだった。二十一世紀の現在、もっとも大きな道場は四百二十畳、約七百平方メートル以上ある。一八八二年の夏の初め、この小さな寺では仏事が続けられていたが、道場はあくまで仮に建てられた粗末なものだったため、柔道家たちが絶え間なく動きまわる音が鳴り響き、静寂は保たれなかった。嘉納は、弟子たちをにわか大工に仕立てあげ、基礎や骨組みを補強させたという。だが当時こういう話はよくあり、自分の手で道場を建てたり、スポーツのクラブ用の小屋をつくりあげたりした師範や会長は数えきれないだろう。

嘉納の道場では、弟子たちはつねにいっしょにいるのが当たり前で、食事も全員でとった。そして何事にも厳密さと清潔さが求められた。まだ「柔道着」ではなく「稽古着」と呼ばれていた柔道の稽古のためのウェアの用意を担当したのは、富田常次郎だった。

嘉納は弟子たちに柔道以上のことを教え、励まし、助言し、自立させた。山下義韶《やましたよしつぐ》〔講道館四天王の一人。一八六五〜一九三五年〕という弟子がいる。一八八四年に十九歳で講道館に入門したが、当初は血の気が多く、まったく落ち着きがなかった。ところが次第に穏やかになり、嘉納の最良の助手となる。やがて帝国大学にできた講道館の最初の分校の責任者に任命され、さらにはアメリカに派遣されて、嘉納の教えを説いてまわった。一九三五年、山下は死の直前に、嘉納から史上初の十段を授けられた。

講道館では、弟子入りすると後戻りはできなかった。そのことは、講道館に入門する際の以下の掟にも書かれている。「一　正当な理由なく柔道をやめることはない。二　自身の行動によって、この道場の名声を汚すようなことは決してしない。三　教えられた秘技は決して明かさず、許可なく他のところで柔道を学ばない。四　許可なく柔道を教えない。五　講道館で学ぶときだけでなく、（許可されたうえで）柔道の指導をするときにも、これらの規則を遵守する（『嘉納治五郎――私の生涯と柔道』日本図書センター。原典は旧仮名づかい）。この誓いを立てるときには、なんと血判を押さなければならなかったという。もちろん、二十一世紀のいまではそんなことは行われていないが。

その後、道場の何度かの引っ越しを経て、嘉納は二十人ほどの生徒を迎えた。畳の上では、師範は指導すると同時に実際に技をやって見せる。この点も儒教的である。孔子はこう言っている「先ず行う、其の言は、而る後に之に従う（君子というものは、人に何か教えを与えるときにはまず自分でやってみせ、そのあとで言葉で教える）」。師範になった者は、弟子たちより強いこと、あるいは弟子たちとは違っていることが重要だと知っている。だが、嘉納はいったいいつ、柔道を学んだのだろうか？　彼の伝記にはそのことは書かれていない。長い間、リュミエール自身が偉大な映画監督であることは知られていなかった（彼自身、そのことについてあまり話さなかった）。同様に、嘉納自身ももちろん優れた柔道家だった。残されている映像からもそれがわかる。リュミエールも嘉納も、自分が発明したものをつくりあげて完成させた。嘉納は畳の上で、自らが長年研究を重ねてきた技を試しては評価してきたに違いない。当初、つまり一八八二年から九九年にかけては、たくさんの種類の技が使われていた。やがて、それらはいくつかにまとめられていく。

少しでも危険な技は許されず、嘉納は怪我をする恐れのある技を禁止した。こうして柔道は、ボクシングやレスリング、空手やサンボのように、厳密なルールをもち、技術的な武器と精神的なものを備えたスポーツとなっていった。

謙虚で控えめで寡黙であった嘉納は、いまでも柔道家たちを魅了しつづけている。講道館に残る資料にも彼の慎み深さがよく表れていた。当時の貴重な写真には、静かに立っている嘉納の姿がある。若い嘉納は賢者のように見え、年老いてもそれは変わらない。伝統的な服装に口髭をたくわえたふっくらとした顔立ち。嘉納は思慮深くて教養もあり、たくさんの著書を残しているが、そのことは西洋ではほとんど知られていない。ただし、歴史家のイヴ・カドー〔トゥールーズ大学日本学科准教授〕だけは例外だ。カドーは柔道六段で、日本語を理解し、嘉納の著書もすべて日本語の原文のまま読み、そこから材料を得て「道場――闇のなかの光」あるいは「動くことこそが柔道の技だ」といった雄弁なタイトルのついた記事を『エスプリ・ドゥ・ジュウドウ』〔フランスの柔道専門月刊誌〕に発表している。読者は、原点に回帰することを渇望している柔道家たちである。

嘉納は、母の死をきっかけに自立していった。使命感に燃えた彼は、柔道の伝道師となり、指導者となり、推進者となった。柔道はスポーツであり、単なる格闘手段ではないと考えた。それはまた、自分自身を超越するための手段でもある。そこには神話的な過去もなければ、標高二千メートルの絶壁と山脚の間にひっそりと建つ寺も、一人で山を歩きながら俳句をひねる老師も登場しない。柔道は、最初の生徒たちとほとんど変わらない年齢の人物が考えだした都会的でモダンなものだった。そうやって、柔術から派生した柔道のかたちが生まれた。「譲るように見せて、よりうまく倒す」という原理は柔術と同じだが、乱取《らんどり》や形《かた》などは、あとからつくりあげられたものである。

東京の講道館国際柔道センター。トム・ヨーダの知り合いで、日本レスリング協会名誉会長、講道館の理事でもある福田富昭氏の計らいで、特別に講道館の方が案内してくださるという。福田氏とヨーダとともに、私はまず二階の小さな資料館を見学した。カンヌ国際映画祭の総代表が柔道家であることだけでも驚きなのに、ましてや声を出して柔道のパイオニアたちの名前を読み上げたり、当時の資料を食い入るように見つめたり、柔道家たちの写真や遺物が所狭しと並んだ展示ケースに興奮したりしている姿に、案内してくれた講道館の方もびっくりしたに違いない。私はその資料館で、子どもの頃に柔道専門誌『フランス・ジュドウ』で読んだあれやこれやを思い出した。特に当時の私のヒーローだった西郷四郎のエピソードがよみがえってきた。

次に私は七階に案内され、巨大な道場を歩くことができた。道場に入るときも出るときにも礼をしなければならない。何度も何度もやってきたことだ。強制されていないにもかかわらず、畳に上ったとたん、私はすべての必要な動作を無意識に行うことができた。何種類かの払《はらい》と複雑な技をいくつか思い出しながらやってみた。

すると、その昔、嘉納師範がそこから弟子たちを見守っていたという大きな木の肘掛け椅子があり、私はすっかり感動してしまった。椅子の上のほうに嘉納の写真があった。嘉納の写真を見ること自体は珍しいことではない。どんな柔道クラブに行っても、入り口の目立つところ、正面になる畳の上方の壁に飾られているからだ。わざわざ神棚のような場所をつくり、そこに、祭壇のついたての奥に置かれたキリストの聖画のように肖像写真が飾られていることもある。他のスポーツをつくりだした人物にはこんな特権は存在しないだろう。たとえばサッカーやテニスをつくりあげたのは誰かすら知られていない。嘉納治五郎の名は世界じゅうの柔道家に知られ、世界じゅうの道場の壁に嘉納の写真が飾られている。嘉納治五郎は究極の広報マンといえよう。

柔道の聖域の力と嘉納がつくりだした柔道が象徴するものに圧倒されたトム・ヨーダは、講道館のありとあらゆるものに興奮する私の姿と、さらに柔道について本を書くという私の計画を面白がってくれた。講道館の見学も終わり、私たちはネオンきらめく渋谷にあるセルリアンタワー東急ホテルに向かった。その後、アントワーヌ・ブロンダン〔フランスの作家、映画脚本家。一九二二～一九九一年〕が東京オリンピックの取材で書いていたように「日本酒に対する感性を磨く」ために新宿に繰り出すことになった。新宿では、大島渚〔一九三二～二〇一三年〕監督の作品やフランスのジャック・ドレー〔一九二九～二〇〇三年〕監督の『東京の喧嘩』〔フランス・イタリア、一九六三年〕のなかで描かれた一九六〇年代の東京にいるような錯覚に陥る。私たちは、かつてはいかがわしい場所として知られ、いまでは観光客のナイトライフのメッカとなっているゴールデン街の路地を練り歩いた。

ゴールデン街には、入り口に赤い提灯が下げられ、きらびやかな看板がかかげられた多数のバーが所狭しと立ち並んでいる。まさに、さまよう旅人のための孤独な要塞だ。東京に来たときの恒例で《ラ・ジュテ》という店に向かう。私は、そのバーのママ、マダム河合にプレゼントするために『リュミエール!』のポスターを持ってきていた。《ラ・ジュテ》は、フランスの映画監督クリス・マルケル〔一九二一～二〇一二年〕が通い、ドイツの監督ヴィム・ヴェンダースが小津安二郎へのオマージュとして撮影を行った伝説のバーだ。ここにあるすべてが聖遺物のような価値をもっている。知代《ともよ》（彼女の名前だ）は、私に、『リュミエール！』のポスターにサインしてほしいと言い、『新学期　操行ゼロ』〔ジャン・ヴィゴ監督、フランス、一九三三年〕にまつわる何枚かの写真とジャン＝リュック・ゴダール〔一九三〇〜二〇二二年〕の作品の日本公開用ポスターの隣にそのポスターを貼ると約束してくれた。

トム・ヨーダはいまや嘉納治五郎と講道館の誕生の話に興味津々だった。私はビールを飲みながら、開国した日本が近代化に向かっているときに時代遅れの武術を世界じゅうで行われるスポーツに変えるにはかなりの度胸が必要だったと思う、と説明した。一八八二年、日本の空気はもうそれまでと同じではなかった。その後、帝国憲法と義務教育によって、柔道は明治時代のもっとも美しい落とし子となっていく。「嘉納の武勇伝」はこの年から始まった。彼は、自分が考えだしたものがまさか不滅のスポーツになるとは考えていなかっただろう。嘉納の教えは、「柔」と「道」という二つの漢字で名付けられている。「柔」とは柔軟性を示し、「道《どう》」は道《みち》を表す言葉である、一方、柔術の「術」は技術だ。「柔軟な技術」ではなく、「柔軟な道」。この違いが重要なのである。

柔術に対する柔道の勝利は、エジソンに対するリュミエールの勝利と重なる。映画は興行に、柔道はスポーツにならなければならなかった。柔道と柔術、その二つに大きな差はない。あくまで些細な差なのだが、そこにはとても大きな意味が含まれている。それは、昔から受け継がれてきた技の普遍性と、つくりあげられつつある精神の現代性との違いである。

第八章
日本における自死

一九七〇年秋。その朝、中学校の校庭では前代未聞の事件でもちきりだった。東京である人物の自殺が生中継されていると、ラジオが伝えたのだ。当時、フランスの中学生は日本についてなんの知識もなく、知っていることといえば次の冬季オリンピックが札幌で行われるということぐらいだった。一方、強烈な風刺画が満載された『HARAKIRI』という名の雑誌があり〔一九六〇年から一九八九年まで刊行されたフランスの雑誌。過激な風刺絵のために、何度か発禁処分となる〕、巷では「ハラキリ」という言葉がちょっとしたブームになっていた。とはいえ、フランスではまだ誰も盆栽を持っておらず、俳句とは何かを知っている者もいなかった。世界各国のスノッブな街角に「寿司バー」が出現するのもまだまだ先の話だ。

柔道を始めて一年経った私が初めて知った日本人は、嘉納治五郎だった。それは私にとって、チェ・ゲバラ〔一九二八〜一九六七年〕とニール・アームストロング〔一九三〇〜二〇一二年〕と並んで、初めて知る外国人の名前でもあった。

柔道をするためにはその起源を知るべきだと思った私は、柔道に関する本を片っ端から読みあさった。

日本にまつわることならなんにでも夢中だった。当然、世界じゅうで話題沸騰のこのとんでもない事件についても、もっと知りたかった。教室である男子が、自慢げにこう言った「知ってるか？　あのミシマっていう日本人は自分で腹を切って、そのあとで自分の首を斬り落とさせたんだぜ」。ミシマが誰なのかは知らなかったが、遠い日本にすでに大きな愛着を感じていた私には、サムライとして死ぬ人間がいることはなんとも衝撃的だった。だが、三島由紀夫の行為の意味、その激しさ、常軌を逸した超越ぶりを理解するには私はまだあまりにも幼かった。

一九八〇年代半ば、ポール・シュレイダー監督の日本・アメリカ合作映画『ミシマ　ア・ライフ・イン・フォー・チャプターズ』が公開された〔一九八五年に製作され、当初は日本でも公開予定だったが、三島の妻の反対と右翼団体の抗議の噂によって公開されなかった〕。その二年後、フランスの哲学者であり日本学者でもあるモーリス・パンゲ〔一九二九〜一九九一年〕の著作『自死の日本史』（竹内信夫訳、筑摩書房、一九八六年）が出版される。『ミシマ　ア・ライフ・イン・フォー・チャプターズ』は、フランシス・コッポラとジョージ・ルーカスが共同プロデュースし、撮影監督はジョン・ベイリー〔一九四二〜二〇二三年〕、美術・衣装担当は石岡瑛子〔一九三八〜二〇一二年〕。シュレイダーは三島を、不安げで気まぐれで時代錯誤的に自国に固執する人物として描いている。ダンディーな芸術家としてむしろ西洋好きだった三島は、一九六〇年代末、「自らの兵士を従え、新たなイデオロギーを提唱するサムライ」という姿に変わっていく。その時代の日本は決して彼の望む時代ではなかったのだ。一九四五年の日本の降伏に衝撃を受けた彼は、武士道とマルキ・ド・サド〔フランス革命期の貴族・小説家。一七四〇〜一八一四年〕を信奉し、肉体の清らかさと魂の汚れを擁護した。文学史上もっとも多く上半身裸の写真を撮影された作家でもある。四十歳過ぎてなお生きていることを悔いてもいた。彼の自殺は、神風特攻隊として犠牲になった若者たちに触発された子ども時代の自らの誓いに忠実であろうとしてのことだと考えられる。そこには、「しかるべきときに死ななければならない」という逆説的な人生の理想が隠されている。

シュレイダー監督の劇映画のなかには緒形拳演じる三島のこんなセリフがある「明るい太陽の下で行動をつくりだし、暗い室内で芸術をつくりだす」。この自己破壊的なナルシストにとって、書くことは一時しのぎの救いでしかなかった。自らが否定される世界のはぐれ者でありながら、その名声によって身を守り、自発的にその世界に別れを告げた三島。家族生活、性生活、文学生活という並行したいくつもの世界をもち、さまざまな運命のなかで絶対的なものへの欲求を燃やし尽くすことはついぞできなかった。絶頂期があればそのあとに衰退が待っているのが世の常だ。惜しくもノーベル賞を逃した彼は、自身の本心と正面から対峙しなければならなくなる。そして、何かが壊れたのだ。夢だけではやっていけず、いくら何かに没頭したところでそれなりの見返りが得られない現実。そんなとき、人によっては自殺がもっとも美しい出口となる。三島は、一つ間違えば滑稽に見えるほどの天才的なひらめきによって、現代史が臆面もなく地球規模で発展させてきたマスメディアの力を先取りし、自分自身を劇的に演出したのである。

モーリス・パンゲによれば、反順応主義者である三島は戦うことにまったく躊躇しなかった。「三島は紅衛兵のもりあがりをヒントにするのだが、やり方はその逆を行くものであった。『文化大革命』に対して、彼は『文化防衛』を主張し、天皇主権のもとに菊と刀の統一を回復しようとする」(『自死の日本史』)。人々の心を打ち、日本の歴史に対する自身の見方に忠実であるための究極の忠誠、それは「ハラキリ」だったのだ。「ハラキリ」は「切腹」とも言われ、日本人は古くからこちらの言葉を好んできた。短刀を内臓に突き刺し、第三者、できれば近しい者に長刀で首を斬ってもらうことで確実に最期を迎えるというやり方だ。三島事件の場合には、首を斬った介錯人も自殺したが、そうした「愛する者同士の自殺」は日本では「心中」と呼ばれている。「作家になること、それは自分の内なる夜の暗闇に、身の破滅を賭けておのが身を委ねることではないだろうか」(『自死の日本史』)。このように、パンゲは書くという行為がいかに私的なものであるかを指摘する。遺された者たちの悲しみは誰にでもわかるが、去った者たちの死の動機をいったい誰が知ることができるのだろうか？　そこには千差万別の理由がある。唯一言えるのは、他者にはわからないということだ。自殺する者は自分自身と契約を交わしている。他人には理解できない約束への悲痛な忠誠心について説明する必要などないのだ。

三島は、四巻からなる『豊饒の海』の最終巻を書き上げた後、陸上自衛隊市ヶ谷駐屯地に姿を現す。彼が二年前に設立した民兵集団《楯の会》の四人の仲間もいっしょだった。三島によって、富士山麓に数十人の戦士が集められていた。彼らは、アメリカの影響下で一九四七年に施行された平和主義憲法が廃止した神権を天皇に返し、国家の根本的な価値を回復させるべきだと主張した。当時、三島は四十五歳。仲間たちはまだ若かった。リーダーの言葉と常軌を逸した計画の前兆に魅せられた仲間たちは、三島がデザインにこだわった風変わりな軍服を着こみ、ボタンをかけてベルトを締めた。

しかし、その一九七〇年一一月二五日火曜日、三島の行動は行き当たりばったりであったように見える。報道陣はあっけにとられ、一般人は関心を示さず、自衛官たちまでもが嘲笑した。映画監督の大島渚によれば、三島が遺した声明文は辞世の句と同様に、彼が書いたものとして最高の出来ではなかったという。そこにあったのは、野蛮で理解不能な行為に対する恐怖心をともなう人々の驚きだけだったのではないだろうか。ジャン＝リュック・ゴダールは『フォーエヴァー・モーツアルト』〔フランス、一九九六年〕という作品のなかで「戦争とは肉に鉄をぶちこむこと」というベルトルト・ブレヒト〔一八九八～一九五六年〕の言葉を引用している。刀で自分の腹を切った三島は、自分が唯一の戦士である戦争に殉じたのだ。

その後、この事件に対する皮肉交じりの疑問やひやかしは次第に、三島の勇敢な過激性、その私的な倫理観への評価にとって代わっていく。シュレイダーの哀愁に満ちた作品の後、元不良少年で反体制的な作品で知られた若松孝二監督〔一九三六～二〇一二年〕が『11.25 自決の日　三島由紀夫と若者たち』〔二〇一二年〕という映画をつくりあげた。一九六〇年代の激動する日本の若者を描いた『実録・連合赤軍　あさま山荘への道程《みち》』〔二〇〇七年〕で輝きを放った若松とは、彼が急逝する直前にカンヌで会ったことがあるが、とても印象深い人物だった。若松は、三島由紀夫という反動的な作家に関心をもったのだ。若松の作品にもシュレイダーの作品にも当時のニュース映像からとった同じシーンが登場する。それは、事件当時、陸上自衛隊の総監を人質に取り、軍刀で総監の護衛たちを撃退した後――銃を使うのは伝統に背くからだろう――、白いはちまきをした三島が、中庭を見下ろすバルコニーに現れるシーンだ。三島は、丁寧な書体で要求文が書かれた幕をバルコニーから垂らし、市ヶ谷駐屯地の自衛隊員を集めるよう要求する。そして、何百枚ものビラを窓から撒き、報道記者たちの同席を促す。

やがて警察のヘリコプターが現場に到着し、上空を飛び、その音で三島の演説の声がかき消される。政治の腐敗と美の喪失（彼はしばしば「金と物質主義が幅を利かせている」と訴えていた）を糾弾する彼の演説は自衛隊員たちを説得できず、反対に罵声を浴びせられてしまう。計画どおりに行かなかった三島は、バルコニーを出て部屋に戻る。そこでは、手足を縄で縛られ、さるぐつわをかまされた総監が、あ然としたまま息苦しそうにしていた。機動隊が現場に近づいてくると、三島は最終段階に移ることにした。付き添っていた四人の仲間のうち三人は生き残るよう三島から指示されていたが、最後の一人、三島の恋人といわれる森田《もりた》必勝《まさかつ》〔楯の会の第二代学生長。一九四五〜一九七〇年〕は、死の道連れになる手はずだった。森田は三島の首を斬ったあと、今度は自分が切腹する番だったが、うまく死ねず、他の仲間がその首をはねた。

ジャック・ロンドンが自身の自殺について考える前に、マーティン・イーデン〔ジャック・ロンドンの自伝的小説『マーティン・イーデン』に登場する主人公〕の自殺について書いたように、三島は一九六一年に発表した『憂国』という小説のなかで切腹について完璧な記述をしている。まるで、ロンドンも三島も、自らの想像力によって自殺という行為の痛みと美しさを魅力的なものにしたいと考えていたかのようだ「これが切腹というものかと中尉は思っていた。それは天が頭上に落ち、世界がぐらつくような滅茶滅茶な感覚で……（中略）……こんな烈しい苦痛の中でまだ見えるものが見え、在るものが在るのはふしぎである」（『決定版 三島由紀夫全集20』新潮社、二〇〇二年。原典は旧仮名づかい）。これは、ジャック・ロンドンの『マーティン・イーデン』の最後のフレーズ、「そう思うや、あとは何もわからなくなった」（『ジャック・ロンドン自伝的物語』辻井栄滋訳、晶文社）に似ている。

いよいよ最期の時がきた。三島は腹を切った。少しの安らぎを得るために、肉体の老化や夢の敗北を否定するために。詩人の繊細さと活動家の怒りの間には、もはやなんの隔たりもなかった。

現代、武士道に則った「自死」が行われると、いまだに必ず三島の姿と結びつけられる。三島自身はきっと嫌ではないだろう。日本男児を超近代化された臆病者とみなすとともに、そのことをとても残念がっていた三島は、事件の数カ月前、全共闘の学生たちとの討論の場にいた。全共闘のメンバーの多くは見せかけだけの連中ではなかったので、討論にはかなりのリスクがあった。学生たちの熱情と真剣勝負の意見を高く評価した三島だったが、彼らを味方につけることのみならず、不吉な前兆に満ちている未来に向けて共闘するための賛同を得ることすらできないことを悲しんだ。三島由紀夫は夢想家であり、政治家ではない。自分の資質の限界に闘いを挑んだだけだ。行きつくところまで行ってしまう者たちについて考察を重ねてきた『愛のコリーダ』〔一九七六年〕の監督、大島渚は「自分の文学が貧弱な肉体或いは異常な肉体の産物だというふうに見られるのが厭だったのか」と問いかけている。そしてさらに、「三島さん自身はこの死によって私にとって非常に親しい人間になった。今の三島さんとなら、お酒が飲めそうな気がする」（『評論集 三島由紀夫の人間像』舟橋聖一、大島渚他著、読売新聞社、一九七一年）と結んでいる。

日本には、自殺熱というものがある。自殺という悲劇的な情熱に没頭するための場所もある。青木ヶ原の樹海は、富士山麓の乾燥した溶岩流の上に生えた木々と影と静寂が支配する場所だ。そこは、死者たちのさすらう魂、「幽霊」に取り憑かれた場所といわれ、若者を含むたくさんの日本人が自殺マニュアルを片手に人生を終わらせるために集まってくる。時代が変われば自殺の方法も死に方も変わってくる。三島の死に方は伝統に則ったものであり、二十世紀の日本に、過去と向き合ってもう一度自分の姿を見つめ直す特権を与えてくれた。というのも、逆説的だが、彼の行為は切腹という芸術を歴史のテーブルに上げることになったからである。この沈みゆく太陽の血まみれの一瞬の輝きのなかに日本における自死の伝統がまとめあげられ、そして消えていったのだ。

私は当時十歳で、この世界が好きになりはじめ、自分もこの世界の一員であると感じていた。武道を学び、合気道家のように静かで、空手家のように俊敏で、剣道家のように剣を扱えるサムライでありたいと思っていた。日本語を話したい、日本語を理解したい、日本語を書きたい。あちこちに日の丸を描き、いくつかの漢字も書けるようになった。当時の私は、夢見ていたこの国について何を知っていたというのだろう？　私が実際に日本に赴くのはまだ何年も先のことだ。

第九章
帯

それは白と黒の世界だ。初心者において最初の帯は白で、誰もが黒を目指し、その間にたくさんの色がある。道場では、帯をきちんと締めるようにと何度も指導される。試合を一瞬止めるためにわざと帯を緩めたりすると、小細工に騙されない審判から同じ注意を受けることがある。ヨーロッパ人は日本人ほど背筋がまっすぐに見えないだろうが、それは柔道においては単にだらしがないからではなく、戦う相手を狼狽させる戦略でもある。ひと息つくためにわざと柔道着を緩め、それを直すことで呼吸を整えると、新たな気持ちになれることもある。そしてまた、帯を完全に締め直すことで自分の柔道着を相手がきちんとつかむことができるようにもなる。それは相手への敬意の表れでもある。私はここにいる、準備はできている、あなたを待っている……。そういうメッセージとともに戦いが再開されるのである。

柔道は、胴回りを見ればその選手の力量がわかるスポーツである。天才サッカー選手といわれたディエゴ・マラドーナがチームの仲間と撮った写真があるとする。その写真を見ただけでは、身を滅ぼしかねないほど破天荒な私生活を送るこの選手が世界でもっともすぐれたサッカー選手だとはわからない。だが、柔道は違う。柔道における帯は選手の署名であり、喜びであり、同時に選手が背負うべき十字架でもある。どんな柔道家も、段位という普遍的な序列のどこかに位置している。初心者は最初の帯から早く次の色の帯を手に入れたいと願い、経験豊富な柔道家も次の帯を授けられるためには何をすればいいのか、どこまで頑張ればいいのか、つねにそう問いながら上を目指す。上の色の帯がなかなか手に入らないもどかしさとやる気が表裏一体なのだ。

賞のないカンヌ映画祭はありえない。映画関係のアーティストたちがカンヌに行くのは、自分の作品が正式出品作になり、コンペティションの対象とされ、さらに賞をとるためだ。それと同じで、帯のない柔道はない。ただし、帯はあくまで自分自身が認めてもらうためのものである。黒帯と美しい白の柔道着を身につけた柔道家は、自分よりさらに強い相手に対峙し、自分の至らなさを誇りをもって受け入れる覚悟がある。そもそも段位とは、柔道家の実力を示し、周囲からもその実力が判断できるようにするためのものだ。そしてまた、厳しい師範の指導のおかげでそこまで来たという――その道のりが比較的平坦であれ、苦難に満ちたものであれ――道程の痕跡でもある。柔道家にとって昇段はとても繊細な喜びをもたらす。派手な祝いや歓喜は、柔道には似合わない。「柔道の指導者をしていた」と言うと、「へえ、で、黒帯なんですか?」と感心半分、恐怖半分といった顔で返される。ギタリストと聞いただけで「『禁じられた遊び』を弾けるんですか?」と訊かれるようなものだ。そのあとで、街中で喧嘩して相手をやっつけた話を聞かせてくれとか、ここで実演してみてくれないかなどと言われることもある。だが、柔道の有段者こそ慎みが大切だ。喧嘩することも、これ見よがしにデモンストレーションすることもありえない。嘉納治五郎は、勝利してもその勝利に慢心してはならず、負けたときでもくじけてはならないと言っている。易きに流れることなく、かといって恐れることなく前を向くことが必要なのだ。真の柔道家は、決してうぬぼれることがないよう、つねに強い相手を思い描いている。真に自信がある者は節度をわきまえているものだ。自分には力がないとわかっている者ほど自分の力を誇示しようとする。柔道家は自分の力を見せつける必要などない。己の力は己がいちばんわかっているからだ。

嘉納治五郎がどのようにして黒帯をつくったのか、専門家の間でもはっきりとしたことはわかっていない。ましてや、伝統的な武術には存在しなかった段位をつくりあげた過程は知られていない。段位が登場したのは、一八八三年のことだ。東京で柔術流派の競争が激化していた頃、嘉納は講道館に独自性をもたせることで、弟子たちにライバルの流派との違いを実感させ、嘉納派を広めようと奮闘していたともいわれている。

　この若き指導者は、師範と弟子の個人的なつながりの重要性を理解していただけでなく、象徴的な印となるものや儀式的な瞬間を巧みに取り入れることが、師範と弟子の間に有益な距離感をつくりだすとわかっていた。そこから昇段試験という制度が生まれた。そもそも、日本では儀礼的な問題を決して軽々しく考えてはいけない。日本人以外は、究極の段位に到達するまでは「ガイジン」であり、「よそ者」である。だが、段位という絶対的な印をつけられたとたんに柔道家とみなされ、「心《しん》」「技《ぎ》」「体《たい》」を手に入れた者となる。そして、こうした大原理を他の人に教えたいと思えば、完璧な規範にもとづく長年の修行と努力によって、「先生」になることができる。先生とは、いつも現場に来て、知識を備え、導き教えてくれる者という意味だ。ちなみに、黒澤明も「黒澤先生」と呼ばれていた。『影武者』〔一九八〇年〕の撮影現場は、軽く冗談が言えるような雰囲気ではなかったということだろう。

　こうして嘉納は、柔道のレベルの尺度とするとともに若い弟子に対して自らの権威を示すものとして、段位制度を考えだした。講道館では、白帯に続いて茶帯、その後は黒帯と決まっていて、中間の帯はない。帯の色はとても少なく、それぞれの色に到達するには長い時間を要する。そこには、忍耐は美徳であり、それと同時に未来の熱意を生みだす種でもあるという日本の教育における絶対的な信条が見られる。何カ月も忍耐してようやく、生徒は先生に目をかけてもらい、興味をもってもらい、何かを得ることができる。先生はそのことを意識的にやっている。生徒がこういった試練をくぐり抜けることができれば、その後はもっと大きな苦しみに耐えられるようになるからだ。

だが、ヨーロッパの柔道には、イギリスのボクシング、フランスのボクシング、レスリングなど、人気のある格闘技がライバルとして存在していたために、忍耐を優先してなどいられず、入門者を増やさなければならなかった。そのため、川石酒造之助《かわいしみきのすけ》はイギリスの柔道界にならって、白と茶の帯の間に黄色、オレンジ、緑、青、さらに早熟な新人のための紫帯をつくった。川石は、フランス柔道史に残る最初の偉大な日本人であり、フランスの初期の柔道家たちの技術的・精神的な父でもあった。

柔道家なら誰もが川石の名前を知っている。フランスの柔道家で元ヨーロッパチャンピオンのミシェル・ブルースをはじめ、数々の柔道家が川石を師と仰いだ。川石は一八九九年、兵庫県姫路市生まれ、一九六九年にパリで亡くなった。二十世紀を生きた彼の人生は柔術から始まったが、嘉納と同じく彼もまた、自分なりの柔道を考えた。柔道に関する本も何冊か著し、いまやそれは柔道本の古典となっている。一九二六年、将来は家業の酒蔵を継ぐというレールを敷かれていた川石は船に乗ってアメリカへ向かう。サンディエゴ大学で学んだ後、柔術、柔道、剣道を教えた。当時、武道の達人はいくつもの武術ができたのだ。

根っからの旅行好きの川石は、北米大陸を股にかけ、ニューヨークに柔道クラブを創設する。《ニューヨーク・アスレチック・クラブ》〔一八六八年に設立され、ニューヨーク市に本部を置く会員制の社交・スポーツクラブ〕の式典に参加し、ボクシングのヘビー級王者で国民的アイドルだったジャック・デンプシー〔一八九五〜一九八三年〕とリングにのぼったこともあるといわれている。その後、川石は柔道に専念することになった。

さらにロンドンに行き、いくつかの柔道クラブを開く。そのうちの一つはオックスフォード大学のなかにあった。その頃、嘉納治五郎は柔術が不変のものであると思い込んで執着する人々をなんとか柔道のほうに向けたいと考え、川石に四段を授けた。一九三五年、川石はイギリスを去り、パリに移り、パレスチナで育ったロシア系ユダヤ人で科学者のモーシェ・フェルデンクライス〔一九〇四〜一九八四年〕をはじめ数人とともに、フランスに柔道をつくりだした。日仏柔道クラブにはパリの少数のエリートがやってきたが、川石は民衆教育のすばらしさを称賛していた。彼の信条は、「その地に順応し、西洋化する」というシンプルなものだった。西洋に柔道を植え付けようとしても、つまり日本の教えの原則を西洋の精神に移し替えたり適応させたりすることなしに、ただ日本の教育原理にしたがって西洋で柔道を発展させようとしても、大きく落胆して終わるだけだろうというのが川石の考えだった。

彼は各地で柔道を伝えた。アメリカでは自分の利益は自分で守るべしと教えられた川石だったが、ヨーロッパでは教育問題に力が入れられていることを評価した。一九三八年初め、川石は嘉納治五郎から五段を授与され、翌年には川石自身がモーリス・コトローにフランス人初の黒帯を授与した。フランス柔道界にとっては大事件だった。

そして、第二次世界大戦が勃発する。大使館の助けでベルリンに脱出した川石は、ロシアに渡り、満州にたどり着いた。戦争が終わるとパリに戻り、「有段者会」の弟子たちと合流した。川石は、どちらかというと傷つきやすく内向的な性格のために、ときに講道館と対立することもあったが、フランスで柔道の指導者を養成し、女性にも門戸を開放し、国際大会でフランス柔道の存在感を示すことになる選手を何人か送り出した。柔道に関する著書も多くの人に読まれた。そして、一九六九年一〇月三〇日にこの世を去り、フランス史上初の紅白帯を授与された後、プレシ＝ロバンソンにある墓地に葬られた。

川石は優秀な柔道家である一方、むっつりとしていて気難しく、孤独のなかで亡くなった。四角い口髭と丸くて細いフレームの眼鏡の奥につり上がった目。日出ずる国の『タンタンの冒険』〔ベルギーの漫画、アニメシリーズ〕に登場しそうな、いかにも東洋人といった顔だ。川石は、西洋人が忍耐強くないことをよく知っていた。西洋人の欠点も長所も極端にもっているのがフランス人だということもわかっていた。フランス人は自分の行動を讃えられることを好み、愛情をあらわに示されることに抵抗がない。つまり、日本人とは違う接し方を必要とする。川石は、そんなフランス人の柔道初心者たちを惹きつけなければならないと考えた。そこで、色とりどりの玉がそれぞれの価値をもつイギリスのビリヤード、スヌーカーにヒントを得て、いろいろな色の帯を取り入れることに決めた。修行の節目節目でメダルをもらえ、黒帯の前段階の茶帯に至るまでの道のりがあまり長く感じられないようにするため、段位をさらに細分化したのである。

日本人の魂を守るという心から生まれた柔道は、西洋に適合し、西洋の人々を魅了する術を学んでいった。たとえば、テレビで映えるように白ではなく青い柔道着を身につけることを受け入れたり、一方的な試合にならないように、フォームをある程度犠牲にしても力を優先するルールを設けたりといった具合だ。サッカーのゴールを大きくして、広告画面の真ん中によりたくさんのシュートが決まるようにするのと同じだ。

黒帯になると、自動的に最初の段「初段」が与えられる。ここから一段ずつ上がっていき、最高段位は十段である。経験を積み、初段から五段まで一段ずつ上がっていく。省察と時間と才能によって六段、七段、八段に達すると、黒帯が紅白帯となる。さらに九段、十段では、赤一色の帯になる。そのあとには、誰も到達していないといわれる十一段、嘉納治五郎だけが死後に取得したという説もある十二段だ。しかし、これは事実ではない。嘉納は段位とは別の次元にいるのだ。さらに、十二段になるとまた白帯に戻るともいわれている。つねに学び直さなければならないというわけだろう〔嘉納治五郎は「初段より昇段して十段に至り、なお進ましむるに足る実力ある者は十一段十二段と進ましむること際限あるなし」と言っているが、過去に十一段以上に昇格した者はいない〕。

第十章
いざ外国へ

一八八九年、嘉納治五郎は日本からヨーロッパに向けて出航した。横浜の港が遠ざかるのを眺めながら、嘉納はここ数カ月の騒ぎを思い出していた。一八八六年、講道館が開設されてから四年後、大きな道場に引っ越すと、少人数だった生徒は九十九人に増えていた。一八八九年には陸軍から貸与された建物に四百人近い弟子が集まってきた。七十畳もの道場で、嘉納は、講道館設立当初の永昌寺の頃を懐かしむこともなく、すべての生徒を迎え入れることができた。

儒教の教えを説き、人に教えることで自分の境遇から抜け出せと言った若かりし頃の師の言葉を胸に、嘉納は教職のポストをいくつも引き受け、東京師範学校の校長も務めた。同時に《嘉納塾》を立ち上げる。これは、一人の教師が身内や華族、あるいは選ばれた生徒といった限られた者にのみ教えるという、私塾をモデルにしてつくられた学校だ。ただし、この塾では、万人に向けての総合的な教育カリキュラムが組まれ、毎週数時間は柔道の指導に充てられた〔講道館は「武」を鍛える場であり、嘉納塾は「文」を鍛える場であった。こうして嘉納は「文武両道」を実践したといわれる〕。

嘉納は教え、書き、そして話した。講道館では門下生を集めて議論させ、それが卓越した講義ともなった。柔道は世界の見方であると同時に、小さな者が大きな者から身を守るための戦闘術でもある。精神的な武器は基本だが、言うまでもなく身体的な武器も重要であり、ときには力を使うことも悪いことではない。ウディ・アレンの『マンハッタン』〔アメリカ、一九七九年〕には、ファシスト相手には頭を使って戦えと言われた登場人物がこう返す場面がある「レンガとバット、これが一番有効だよ、いざとなったら」。柔道でも身体的な武器が必要となる。嘉納はそのことを帰国する船の上で証明することになる。

嘉納は何度も講演を行い、それをきっかけに知識人の間で彼の名が広まっていった。嘉納は自らの指導の基本的理念を説明して、以下のように述べている「柔道は心身の力を最も有効に使用する道である。その修行は攻撃防禦《ぼうぎょ》の練習に由って身體《しんたい》精神を鍛練修養し斯道《しどう》の神髄を體得《たいとく》する事である。さ（そ）うして是に由って己を完成し世を補益するが柔道修行の究竟《きゅうきょう》の目的である」（嘉納治五郎師範遺訓）。彼はまた、知の保護は世界に開かれて初めて可能になるという、一見逆説的に思えることを言っていた。これから始まるヨーロッパへの旅が重要な意味をもつはずだと考えていたのである。

一八八九年九月、二十九歳の嘉納は船に乗り込み、東南アジア、インド洋、地中海を目指した。マルセイユに降り立った嘉納は、初めてフランスの地を踏んだ柔道家となった。ローヌ川流域を旅し、友人の息子に会うためにリヨンに立ち寄る。そして「祈りの丘」と呼ばれるフルヴィエールの《ノートルダム大聖堂》を訪れた。リヨンの労働者は、この丘と「働く丘」と呼ばれるクロワ＝ルースの丘をよく対比させるが、「祈りの丘」では、宗教と人間を超越している霊的な力が嘉納の心を打った。その後、フランスを北上し、ホテルや宿泊所や民家にも寝泊まりしたという。パリではラタン地区に滞在し、フランス語を学んだ。訪れた国への最大の敬意の表し方はその国の言語を学ぶことではないだろうか。嘉納はそのことをよく知っていた。

さらにベルギーに行き、一八八九年末にはドイツに着く。ベルリンでは大学に入学し、各地の大学や図書館や美術館を訪問し、そこから多くのことを学んだ。スイス、オーストリア、ロシア、スウェーデン、デンマーク、オランダ、イギリスも訪れた。その後、パリに再び立ち寄り、マルセイユに戻る。そして一八九〇年一二月、ついに日本に帰るときが来た。嘉納は新年を海の上で過ごすことになった。

それは伝説的な物語のなかの伝説的な物語で、子どもの頃に読んだがもう一度ぜひ読みたいと思っていたものだ。一八九一年一月、嘉納治五郎を乗せた船は地中海から紅海に入り、アデン、コロンボ、そして最終目的地の横浜に向かっていた。マルセイユ港を出港してから二週間の洋上生活で、誰もが退屈しきっていた。大いなる旅立ちの感動は、いまや終わりのない日々にとって代わられた。高い煙突から出る蒸気や、見えない獲物に向かって急降下する鳥たちを眺めることで時間がいたずらに過ぎていった。やることといえば、デッキを歩き、葉巻を吸い、酒を飲むことぐらいだ。子どもたちは雲の数を数え、ときにフロアからフロアへと移動しては、迷路のような廊下に迷い込んで遊んでいる。ディナーのために着替えていると、時代を超えた冒険を繰り返し見てきた夕日が圧倒的な美しさで迫り、音楽家たちが夜会を盛り上げるためにやってくる。だが、日々の単調さは変わらない。

しかし、嘉納治五郎だけは退屈とは無縁だった。ヨーロッパ滞在は驚嘆の連続だったからだ。観察癖のある嘉納は見たもの聞いたものをなんでも書き留めた。そしてパリでもベルリンでも、小さな村から首都までどこに行っても教会の美しさにすっかり魅了された。一方で、キリスト教と宗教的思想の衰退にも衝撃を受けていた。「今日のキリスト教は昔の惰力でその力を保っている」(『嘉納治五郎――私の生涯と柔道』日本図書センター)と嘉納は書いている。彼はまた、あちらこちらでキリスト教とは異なる精神性があることも実感し、政治家も宗教家も学者もとてつもない量の本を読んでいることに感心した。だが、うまく継承されなかったものはなんであれ、やがて消えていく運命にある。「(ヨーロッパの人々は)知識の勝れたるを感ずると同時に、教育者としての優越を認め得なかった」(『嘉納治五郎――私の生涯と柔道』)と嘉納は言う。宗教、思想、社会の分断による対立を解決する唯一の策は、普遍性の追求だと彼は考えていた。当時の日本ではそういう考え方はとても珍しかったが、啓蒙の世紀(十八世紀)のヨーロッパはたしかにその方向に向かっていた。嘉納は、その普遍性にとって何が切り札になり、何が障害になるのかも理解していた。そして、世界の人々が対話する際には、それぞれの国家がそれぞれの役割を果たすことを願っていた。そして、日本人は敵意のない世界に貢献しなければならないとも考えた。最後に、教育者、学者、スポーツ選手は一体となって、心身の成長を目指すべきだとも確信した。

船の上にいながら天候も太陽の位置も気にかけないこの小柄な日本人が磨き込まれたデッキを歩きまわる姿に、他の乗客たちは大いに興味をそそられた。嘉納自身は一年間の旅を終えて、こうして帰国の途につけたことに満足していた。数日前、アレクサンドリアへの立ち寄りを利用してカイロに向かい、列車で三時間かけて二百八十キロメートルを走破したばかりだった。嘉納治五郎は、船上で出会った数名の外国人と連れだってナイル川を遡り、川面に浮かぶ三角帆のフェラッカ船を観察し、誰もついてこられないような速さでピラミッドを登っていった。「登攀を首尾よくすましたのは、平素鍛錬の効であるとすこぶる快心の思いをなした」(『嘉納治五郎——私の生涯と柔道』)と嘉納自身がのちに振り返っている。

スエズ運河を経て、船がアデンに近づいていく。嘉納は「雨なく樹木なく、大水溜の設備をなせるなど見物し」(『嘉納治五郎——私の生涯と柔道』)と表現している。だが当時、スエズ運河の南端のスエズ港に、エチオピアのハラールからやってきたフランスの武器商人がいることなど嘉納はまったく知らなかっただろう。その武器商人こそがアルチュール・ランボー(一八五四〜一八九一年)だ。嘉納とランボーは知らず知らずのうちにすれちがっていたかもしれない。

嘉納はまだ三十歳にもなっていなかったが、日本人特有の切れ長の目にはすでに、年齢には不釣り合いな何かが宿っていた。若い頃の写真を見ると、顔の輪郭を少し柔らかに見せてくれる口髭はまだなかったようだ。地味だが知的な美しい顔立ちの嘉納は、髪を横分けにし、その髪型を生涯変えなかった。オープンマインドで他人に好感をもたれる一方、控えめでもあり、人と適度な距離感をとり、奇をてらうようなことは決してない。服装は、和装であれ洋装であれ、いつもきちんとしていた。嘉納は、新しい日本をつくる明治時代の若者としての闘志と知識人としての素質を備えていた。

インド洋を延々と横断してマレーシアに近づいたとき、ちょっとした事件が起きた。それによって、夢のような日々から現実に立ちかえることになる。嘉納は、毎朝、スイス人やオランダ人の乗客とおしゃべりをしながら、柔道について語ったり、その原理について説明したりするので人気者になっていた。ある日、乗客相手に実際に柔道をやって見せることになった。乗客たちはつねに何か気晴らしとなるものを探していた。ロシアのある海軍士官は、腕相撲大会をはじめとして男たちが競い合えるようなさまざまな大会を思いついては、乗客たちを誘っていた。嘉納もそういう男たちのなかにあって、ときには「知性が力に勝る」ことを説明しようとした。だが、快活で行動的なそのロシア人は抽象的な議論にはまったく興味がないようだった。「俺のほうが強い。おまえなんか簡単に倒せるぞ」とロシア人は言った。嘉納は「私は小柄だが、その気になればあなたを床に抑えつけることができますよ」と言い返した。すると相手は挑戦を受けて立つとばかりに、床に仰向けになった。そして自信満々に「抑えつけてかまわないよ」と言い放った。ところが、嘉納に抑えつけられたが最後、どんなに身体を動かしてみても嘉納の華奢な身体にはなんのダメージも与えられない。完全にコントロールされていて立ち上がれないのだ。それを見た乗客たちは拍手喝采だった。嘉納が腕を緩めるとロシア人は立ち上がった。そして、今度は俺が抑えつけようと提案した。こんなちっぽけな日本人などすぐにつぶせると確信していたからだ。ところがなんということだろう。彼は抑えつけつづけることができず、嘉納はするりとかわして逃げてしまった。

ロシアの士官はいらだって、「ちゃんと戦おうぜ」と言いだした。講道館の設立当初から、嘉納は非難や誹謗中傷をさんざん受けてきた。そのため喧嘩を売られてもまったく怖くなかった。注目されるのは気が進まなかったが、嘉納は挑戦を受けた。

ロシア男はしきりに自分の力を誇示しようとした。興味津々の観客たちの前で、デッキの上を行ったり来たりして揺さぶりをかける。嘉納は、観客たちの心配をよそに、相手の体型やがさつな動きに合った技を仕かけるタイミングを見計らった。ロシア男が身をかわさなければと思ったときには遅かった。嘉納は、男を押した。そうすれば反射的に相手が前に押し返してくるとわかっていたからだ。はたして、そのとおりになった。嘉納は男の上半身を思い切り自分のほうに寄せると、くるりと回転した。そのまま脚を曲げながら相手を背負い、腰と肩を使って投げた。腰技《こしわざ》と背負投《せおいなげ》の組み合わせだった。

男は、気がつくと床に倒れていた。まったく信じられないという表情をしている。野次馬は歓声をあげて嘉納を取り囲み、称賛し、質問を浴びせかけた。男は起き上がると、今度はとても紳士的な態度を見せた。見たこともない動きで投げられたことを不思議がりながらも、弟の偉業に感動した兄のように嘉納を抱きしめ、素直に握手を求めたのだ。嘉納もそれに応じた。その日から上海に寄港するまで、ロシア男は嘉納のそばを離れなかったという。それは、映画『ボルサリーノ』〔ジャック・ドレー監督、フランス、一九七〇年〕で和解したあとのアラン・ドロン〔一九三五〜二〇二四年〕とジャン＝ポール・ベルモンド〔一九三三〜二〇二一年〕や、スチュアート・ローゼンバーグ監督〔一九二七〜二〇〇七年〕の『暴力脱獄』〔アメリカ、一九六七年〕のなかのポール・ニューマン〔一九二五〜二〇〇八年〕とジョージ・ケネディ〔一九二五〜二〇一六年〕の関係に似ていた。

嘉納はこのロシア人とのエピソードを振り返りながらも、「自分にとっては余り誇るべきほどのことでなく」と書いている。「少し心得あるほどのものは誰にも出来たことである」と。船上でのこの戦いをたまたま見ていたイギリス人は、嘉納は相手に気配りを見せていたと証言する。というのも、嘉納が「当り前ならば頭から落ちるのだが、自分はすばやく手をもって支えて、頭から落ちないように助けてやった」と語ったという（『嘉納治五郎――私の生涯と柔道』）。柔道家は決して残虐ではない。

その日から、船の上の人々の嘉納を見る目がすっかり変わった。ある記者がこの出来事を広めたことからその話は日本にも届き、嘉納は帰国したときにはすっかり有名人になっていた。彼自身は、たとえ自分の時間がまったくなくなっても他者のために骨を折り、過去を大事にするとともに未来のことも考える人間になりたいと考えていた。東京に戻ると、自分の本当の生きがいが待っていた。生徒たちにまた教えを伝える日々が戻ってきたのだ。やがて、妻となる竹添須磨子《たけぞえすまこ》に出会う。だがそのことについては、今村昌平〔映画監督。一九二六〜二〇〇六年〕の作品風に「嘉納は須磨子の手を強く握りしめた」と想像するのではなく、小津安二郎風に何も言わないでおこう。嘉納は海の上にいると幸せを感じたが、その視線はいつも東へ、自分が生まれた極東に向けられていて、自分の国やこれまでの人生や父のことを決して忘れなかった。

第十一章
技について

よくあることだが、映画のタイトルは海を渡ると変わる。ニコラス・レイ〔アメリカの映画監督。一九一一～一九七九年〕監督の一九五〇年の映画『孤独な場所で』のタイトルはフランスでは『Le Violent（暴力的な男）』だが、原題は『In a Lonely Place』で、暴力とはなんの関係もない。この作品では、ハンフリー・ボガートが、知り合いの刑事とジェフ・ドネル〔アメリカの女優。一九二一～一九八八年〕演じるその妻とともに犯罪現場を再現しながら、犯人役の刑事に「君は柔道を知っている。だから両手を使わなくても殺せるんだ」と声をかけるシーンがある。だが、そんなふうに柔道を語るのはもう古い。いまや、柔道がいかに繊細で巧妙であるかをシンプルに語るべき時代だ。ただし、それは容易なことではない。柔道は簡単に説明できるスポーツではないからだ。

柔道とは、投技《なげわざ》、固技《かためわざ》、絞技《しめわざ》、関節技《かんせつわざ》などで相手を制する戦いである。技が成功すると一本《いっぽん》となり、ボクシングのＫＯに相当し、試合はそこで終わる。技が完璧でなかったら、単なるアドバンテージとなって試合は続行され、不利なほうも巻き返しを図ることができる。

投技《なげわざ》と固技《かためわざ》について話すと、柔道の「柔」、つまり柔軟性はどこにあるのだ？と思われるかもしれないが、「柔」は柔道家の動作の一つひとつに基本原理として宿っている。「力に力で対抗しても意味がない。強い者が勝つに決まっているのだから」というシンプルな信念にもとづき、必ずしも並外れた身体能力が必要ではなく、むしろ柔軟性をもつことが優先されるのだ。

二つの例を挙げよう。八世紀のこと。長崎のある医者が散歩をしていると雪が激しく降ってきた。少しずつ積もった雪の重みで桜の木の高いところの枝が折れていく。突風が吹くと立派な木々が倒れた。しかし、すべてが折れたり倒れたりするわけではない。あくまで、自分より重い負荷に耐えることができない、柔軟性を欠く木や枝が折れるのだ。ヤナギやアシのように耐えられるものもある。曲がったり反ったりはしても、折れはしない。そして、嵐が止むと立ち直る。医者は、これに教訓を得た。硬いものは壊れ、しなやかなものは適応できる。人生においても同じことだ。

二つ目の例は、七十キロの者と九十キロの者が戦った場合の算数だ。結果は、二十キロ重いほうが勝つと決まっていそうなものだ。だがここで、体重の軽いほうが自分の力だけで対抗せずに相手の力を利用すると、すべてが変わる。押してくる「九十キロ」の選手に対して、「七十キロ」の選手が相手の動く方向に身を引いたら、自分の力に相手の力が加わり、七十プラス九十キロの力が発揮できる。その結果スピードが増して、相手の体勢を大きく崩せるという驚くべき効果が生まれる。相手は百六十キロの力でバランスを失うのだ。

柔道にはこのように「相手の力を利用する」という側面がある。これは、政治、労使交渉、さらには恋愛など他の多くの分野でも見られるものだ。柔道をそのひと言だけで表すことはできないものの、この原則は柔道の独自性に大きく寄与している。

柔道は道場で行われる。道場は、低い木組みの上の何枚もの板に畳を敷いた神聖な領域である。木組みの上につくられることで道場は高くなり、その分、静寂が守られる――ここから「畳に上る」という言い方が生まれたという。さらに、転倒したり身体が着地したりするときの衝撃をやわらげる弾力性をもたせることもできる。しかし現代ではいたるところで、手づくりの工芸品が即製の工業製品にとって代わられ、伝統的な寄木張りの床はだんだんと少なくなり、腰や関節にとって心地いいとはいえない発泡スチロール製の畳を敷くことが多い。とても残念なことだ。

柔道は、攻めるか守るかのどちらかだ。先手を打つ者は取《とり》と呼ばれ、受けるほうは受《うけ》と呼ばれる。どちらも必ず柔道着をつけ、その人の段位を表す色の帯がきちっと結ばれている。相手をつかむためにはまず構え、取《とり》は受《うけ》の右袖を左手で取り、相手の左の襟に右手を添える。左構えの場合は逆になる。

柔道の稽古は二時間で、ウォーミングアップから始まり、技術指導があり、試合で終わる。稽古にはだいたい十人から五十人ぐらいの生徒が集められる。稽古の最初と最後に師範が生徒たちを集め、自分の前で正座させ、日本語の「礼」という言葉を合図にお辞儀をさせる。これは〝座礼〟と呼ばれる。

技には特別なものもある。なぜなら一人ひとり、相手を驚かせる不意打ちとなるような得意技をもとうとするからだ。私の得意技は左組《ひだりぐみ》での内股《うちまた》だった。

嘉納治五郎は技の種類をリストにした。正確で論理的でしかも知的な分類がされているそのリストは《五教《ごきょう》の技《わざ》》と呼ばれ、一八九五年に制定されて一九二〇年に改訂された。技は当初は四十一本、改定後は四十本あり、さまざまな手技《てわざ》、足技《あしわざ》、腰技《こしわざ》、捨身技《すてみわざ》が列挙されている。それぞれの技には意味が明白な日本語名がつけられている。たとえば大内刈《おおうちがり》、払釣込足《はらいつりこみあし》などだ。谷落《たにおとし》、山嵐《やまあらし》といった詩的な名前もある。

五教は、初心者が頭に叩き込まなければならない教えだが、高齢者にとっては定期的に暗唱することによって、もの忘れ防止の効果もある。いまでも、私の頭のなかには驚くほどの正確さで五教が浮かんでくる。昨年のカンヌ国際映画祭の審査員のメンバーさえ思い出すのに何分もかかるというのに……。

これまで話してきたのは、立技《たちわざ》、つまり立ったまま仕かける技についてだ。立技《たちわざ》のあとには寝技《ねわざ》が来る。寝技《ねわざ》とは、投《なげ》が決定打に欠けた場合、対戦している両者が床の上に寝転がって戦いを続けること。目的は、固技《かためわざ》、絞技《しめわざ》、関節技《かんせつわざ》などで勝つことにある。抑込《おさえこみ》は、少なくとも二十秒間、相手を仰向けにさせたまま脚をまったく使えない状態にする技で、たくさんのバリエーションがある。それが有効だった場合には、審判が「抑込《おさえこみ》!」と告げる。相手がうまくかわして効力がなくなった場合には、審判は腕で宙を払う動作をしながら「解けた」と言う。試合は床の上で続けられるが、まったく展開が硬直してしまった場合には審判の「待て」という言葉で試合が中断され、その後、両者とも立った状態で再開される。

また、より手っ取り早く絞技《しめわざ》をかける者もいる。絞技《しめわざ》とは、頸動脈を圧迫することによって呼吸を苦しくさせたり、ときには窒息させたりする技だ——過激な愛の行為で見られるのと同じだ。首を絞められることによって失神し、場合によっては死んでしまわないように——決してそうはならないが——絞技《しめわざ》によって勝負がつくことも多い。絞技《しめわざ》には、手、前腕、あるいは脚が使われる。片手あるいは両手で背後から絞めることもあれば、脇から絞めることもある。三角に絞めることもある（三角締《さんかくじめ》といい、抗うのは難しい）。また、さらに「十字に」絞めたり、「逆手で十字に」絞めたりすること（逆十字絞《ぎゃくじゅうじじめ》）もできるが、この二つの違いは大きい。テレビで柔道の選手が相手の脇に手を差し入れているおかしな恰好を見たら、くすぐっているのではなく絞めるためである。絞技《しめざわ》が決まれば、それで一本だ。

最後に、関節技《かんせつわざ》は肘関節に強い負荷をかけ、相手が負けを認めなければ脱臼する脅威を与える技だ。実際、負けを認めないと腕が折れてしまうかもしれない。もちろん、柔道家はギブアップすることで身を守る。ところで、関節技《かんせつわざ》の名称はすべて、「固《かため》」という言葉で終わる。たとえば、腕挫《うでひしぎ》腹固《はらがため》、腕挫三角固《うでひしぎさんかくがため》（後ろから三角に仕かける固技《かためわざ》）といった日本語の響きは、まるで歌っているかのようだ。ちなみに、挫《ひしぎ》とは、骨折や捻挫を意味している。大げさではなく、加減しないとそうなってしまう。同系の言葉に絨《からみ》もある。そこでもまた、痛みを負わせながら力加減をコントロールする。関節技《かんせつわざ》は英語で言うと「アームロック」。ちなみに、子どもには関節技《かんせつわざ》は教えないことになっているので、親は安心してほしい。

柔道の達人に抑込《おさえこみ》や絞技《しめわざ》や関節技《かんせつわざ》をかけられたら、そこから逃れられるチャンスはない。足腰が弱い選手はなんとかして寝技《ねわざ》にもちこもうとする。寝技《ねわざ》をかけられた相手は首が赤くなり、耳が押しつぶされ、顎が痛くなり、絞技《しめわざ》を決められないように立ち上がろうとする。ラグビーは紳士のやる粗暴なスポーツといわれる。柔道もそうだともいえるし、まったく逆だともいえるだろう。嘉納治五郎は、柔道を格闘技であると同時に教育でもあると考えた。柔道には哲学の前に技術がある。だが、その技術そのものが哲学的である。それが柔道だ。複雑な思考をともなうスポーツなのである。

柔道着と畳があり、倒れ方とさまざまな技を知れば、準備万端。あとは、実践あるのみだ。ウォーミングアップとして、一連の打込《うちこみ》が行われる。打込《うちこみ》とは、投げるまでの過程をしっかりした構えと身体接触によって再現することである。打込《うちこみ》はとてもエレガントな稽古であり、よい姿勢にこだわることと自信をもつことが不可欠となる。自動的に身体が動くようにするためだ。何度も何度も行うことで姿勢も足運びもどんどん洗練されていく。関節に油を注《さ》し、筋肉の温度を上げ、心拍数を実際の試合と同じレベルまで高める効果もある。ピアニストが音階練習をし、オペラ歌手が発声練習をするように、柔道家は打込《うちこみ》をする。

次に投込《なげこみ》だ。相手を投げるには、相手を移動させたり、反対に動かないようにしたり、相手の体勢を崩したりする必要がある。そのためにはまず相手をつかまなければならない。相手の柔道着のつかみ方を組手《くみて》という。組手《くみて》の稽古はシンプルに互いに順番に行われるが、試合となると複雑で好戦的なアプローチが必要になる。大雑把にいえば、相手を「探り」「触り」「つかむ」。そして、戦いが始まるのだ。

組手《くみて》とひと口に言っても、右組《みぎぐみ》、左組《ひだりぐみ》、あるいは背後や、首の後ろをつかむ奥襟《おくえり》など、やり方は千差万別だ。当然のことながら、相手は簡単にはこちらのやりたいようにはさせてくれない。

相手が防御ばかりしていると攻撃は簡単だが、要はどう攻撃するかだ。どんなふうにつかむかによって、どんな技を仕かけようとしているのかが相手にもわかり、すぐにかわされてしまうからだ。実際、相手がしたたかな選手なら、その人の柔道着に触れるだけでも苦労する。優れた柔道家の組《く》手《て》はその構えから一見してわかるが、だからといってどんな得意技をもっているかはすぐには見えてこない。

本来、組手《くみて》は相手を観察する段階であり、スローダンスの踊り手のように互いが身を捧げ合う。現代の柔道の試合では、組手《くみて》自体が一つの作戦であり、礼をする段階からすでに激しい戦いが始まっている。目と目を合わせて互いを試し、強い印象を与え合う。手をそっと握ってきたかと思ったら、いきなり手首をひねられる。指を怪我したときには、わざとその隣の使える指に包帯を巻き、弱点を突こうとしている相手を欺く。そういったことまで行われる。柔道とは、日本人の洗練されたイメージとはほど遠い、ワイルドなスポーツでもあるのだ。

試合の前には、通常の姿勢で立つ自然体《しぜんたい》になっていなければならない。伝説の柔道家、安部一郎《あべいちろう》〔一九二二〜二〇二二年〕はこう言っている「両足に体重を分散させ、頭はまっすぐ。ただし身体が硬くならないように」。右足を前に出すのを右自然体《みぎしぜんたい》、左足を前に出すのを左自然体《ひだりしぜんたい》と呼ぶ。自然体《しぜんたい》に対して自《じ》護体《ごたい》は、防御のために足をしっかり床につけ、ガードを閉めて反射的に動けるようにする緊張した姿勢だ。さらに細かく見てみよう。

試合では、崩し－作り－掛けといって、相手を崩し、投げの態勢をつくり、技をかけるという戦略がとられる。相手を脆い状態にし、投げを簡単に繰り出せるようにするのである。柔道は基本的に相手の態勢を崩すことと、「アクション／リアクション」の原理にもとづいている。こちらが動けば相手は反応し、こちらが引けば相手は引き留めようとする。その瞬間にこちらが押せば相手は倒れる。あるいは逆に、こちらが押すと相手は押し返すので、そのときにこちらが引けば相手は倒れる。基礎中の基礎だ。優れた柔道家は、つねに攻撃のイニシアティブをとる。攻撃の戦略には、相手より先に攻撃する先《せん》の先《せん》と、相手を先に動かせ、相手が仕かけてきた技に合わせて技を仕かける後《ご》の先《せん》がある。相手の反応を誘発したり、あるいはまずは耐えてから、そのあとで相手を思い通りにするのである。

嘉納治五郎は、柔術には現実味に欠けるという欠点があると知っていた。いくら稽古を重ねても、実践がなければ隙のない達人を育てることはできない。そこで嘉納が考えだしたのが乱取《らんどり》である。乱取《らんどり》は五〜七分程度、二人の柔道家が現実的な状況を想定して互いの技を試し合うものだ。技をかけるためにリスクを冒したり、失敗したり、再び試したり、攻撃したり、勝ったり、負けたりを経験できるのだ。乱取《らんどり》では、実際に投げ、もちろん一本《いっぽん》を狙う。だが、試合ほどの激しさもなければ、危険も残酷さもない。いわば親善試合のようなもの。ボクシングでいえば、ヘルメットと大きなグローブをつけてラウンドを重ねるのと同じだ。乱取《らんどり》は、自分が何者であるかを知り、自分自身のやる気を確認するための崇高な練習である。そこでは、取《とり》と受《うけ》は表裏一体だ。誰も得点をつけるわけではないのだが、ときには、緊張した空気が流れ、相手を不快にするような動きをしたり、思いがけない一撃で相手をいらだたせたりすることもある。そうなると、相手もこちらの意図を見抜き、不意打ちを仕かけるタイミングをうかがってくる。だが通常は交代で、動いたり、スピードを出したり、ブロックしたりし、相手がみごとに技を仕かけてくれれば、投げさせて受《うけ》をする。そうすれば、相手も同じことをさせてくれる。ときには、投《なげ》より受《うけ》のほうがみごとなこともある。謙虚で控えめな受《うけ》の役割を立派にこなすのは決して簡単なことではない。自分が相手より能力が高いとわかっているときに相手を立てるのは、献身的で神聖な行為といえるかもしれない。
組手《くみて》がスローダンスを想い起こさせるなら、乱取《らんどり》はロックンロールだろう。あるいは、柔道と同じく十九世紀末に誕生したタンゴだ。身体のもつれ合い、腕の動き、足の運びもタンゴに似ている。乱取《らんどり》はハードで厳しく、さらに柔道家を高揚させるものだが、誰もが自分の実力のレベルを測り、さまざまな相手と組むチャンスである。より強い相手によって自らを向上させることができるのだ。そもそも柔道は慈悲深いスポーツである。どんな性格や体格の者にも向いている。小柄な者は肩の動きを利用し、長身の者は足技《あしわざ》を使い、軽量者はスピードを優先し、太っている者はリングの隅に陣取るボクサーのように隅を塞ぐことができる。血の気の多い者は一気に攻撃し、穏やかな者はブロックし、狡猾な者はカウンターを待ち、足腰の弱い者は相手を寝技《ねわざ》に持ち込む。誰にでも戦い方がある。

先日、リヨン在住の七段の柔道家、ピエール・ブランから、「柔道形《かた》競技大会で優勝していたよね」と言われた。柔道の世界チャンピオンのベルナール・チュルーヤン〔一九五三〜二〇一九年〕も会場に姿を現していた、オヨナで行われた大会の話だ。私は、映画の世界に入る前に、すでに柔道によって気品のある人とそうでない人を見分けることを学んでいた。飛び込みの選手が水しぶきをあげずに入水するように、畳の上でも余計な動きが一つもないきれいな投《なげ》を見ることがある。形《かた》競技に出場する選手が目指すのは、動作の美しさ、自然さ、そして自我を忘れることだ。私はどちらかというと直感的な柔道家で、右でも左でも構えることができ、つねに姿勢に気をつけてきた。背筋を伸ばし、周りに気を配り、場の空気を掌握する。カンヌ映画祭でも同じだ。

つまり、自分流をもちたいと願っている。ラグビーでは現実主義のイギリスよりセンスで戦うフランスを、サッカーではドイツよりもブラジルを、テニスではイワン・レンドルよりもジョン・マッケンローを、アメリカ大統領ではジョージ・ブッシュよりもバラク・オバマを手本としたい。だが、誰もが自分のもっているものでしか戦えない。自然は不公平だからだ。機敏に動ける者もいれば、鈍重な者もいる。積極的な者もいれば、受動的な者もいる。生まれつきエレガンスを備えている者もいれば、地味にこつこつとしか歩めない者もいるのだ。

柔道は美だけを争うものではない。戦いにおける美しさは、当然のことながら、勝つことへの欲望、情熱、エネルギーからも発せられるものである。ただし、柔道では自分の衝動をそのまま出して攻撃するのではなく、コントロールすることを学ぶ。「暴力は知性の敗北だ」とよく言われる。自分に自信がないときこそ、大げさな身振りをして大声を出す。柔道はもっと冷静でなければならない。武術の一種だが、芸術であるとともに武道でもあるからだ。

「それまで」の合図で、乱取《らんどり》はいったん終わる。パートナーを変え、目の前にいるまた別の相手と戦う。あるいは、『舞踏会の手帖』〔ジュリアン・デュヴィヴィエ監督、フランス、一九三七年〕の主人公のように毎回相手を変えることもある。それを十五回やると、一時間以上続いた稽古が終了する。道場のなかは静かになる。そして、全員で礼をする。乱取《らんどり》の疲れは、二日ぐらいたってようやく解消される。その間にまた柔道をやりたいという気持ちがむくむくと湧いてくるのだ。

第十二章
初めての大会

私の若い頃の話に戻り、自伝を続けよう。「死ぬまで自伝を書くべきじゃない」そう言ったのは、アメリカの映画プロデューサー、サミュエル・ゴールドウィン〔一八七九〜一九七四年〕だが、ポーランド生まれで英語が片言だった彼はゴーストライターを立てて自伝を書かせ、周囲を驚かせた。ゴールドウィンといえば、いくつかの並外れた傑作でハリウッドの街を伝説化させるのに一躍買ったことで有名だ。辛辣な名言を吐き、年をとることをとても嫌がっていた。実際に九十四歳まで生きたが、同じくプロデューサーでライバルのルイス・B・メイヤー〔一八八四〜一九五七年〕の葬儀に大勢が駆けつけたことに嫉妬して「みんなが葬儀に来たのは、あいつが死んだことを確認するためだ」と言ったという。

一九七二年、フランスの小学校の休日が木曜日から水曜日に変わった年、私は初めて試合に出場した。ヴェルディーノ先生が、フランス柔道連盟から公式大会に出場するためのライセンスを与えてくれたのだ。彼は「おまえは最年少者だが、頑張ってきなさい」と言って、私を試合に送り出してくれた。クラブから一歩も出たことがなく他のクラブとの交流稽古にも参加したことがなかった私にとって、それは他の子どもたちと自分を比較するための大きな挑戦であり、経験を積むよい機会でもあった。自分が柔道家として通用するかどうかもわからなかったので、いよいよ自分の実力を知ることができる。試合の組み立て方を学ぶチャンスでもあった。先生はそのタイミングが来たと判断したのだろう。そして私のために地元の試合ではなく、ローヌ選手権を選んでくれた。

会場はリヨンの屋内競技場《ジェルラン・スタジアム》。八千席が並ぶ、広大で天井が高いすばらしいその建物では、バスケットボールの大きな試合やミス・フランス・コンテスト、ピンク・フロイドのコンサートなども行われていた。ただし、柔道の試合会場はそちらの大ホールではなく観客数が数百人の小競技場のほうだった。私は、その後長い間、試合で何度もそこに足を運ぶことになった。

会場に着くと、白い柔道着に黄帯から青帯までの小さな柔道家たちの姿があり、賑やかな声が会場に響きわたっていた。青帯がいる！　私はまだ緑帯なので、格上の選手たちと戦うことになる。会場にいる大人は全員、審判服を着ていた。いずれもトップレベルの柔道家で――その後、私は長くお世話になるのだが――、子どもたちにとっては怖い存在である。だが、その日は興奮した子どもたちに気遣いを見せ、帯を締め直してくれたり、柔道着を整えてくれたり、緊張しすぎている子を励ましたりとあれこれ世話を焼いてくれた。

ウォーミングアップの後、体重別に分けられた。柔道家はつねに自分の体重を把握している。当時十二歳の私の体重は三十キロになるかならないかで、二十六〜三十キロのクラスで戦うことになった。私はその後も長い間、六十五キロ未満の軽量級の人たちと戦ってきた。だが、いまや体重が増えてしまい、残念ながらそうはいかない……。

私たちはみな、怖くて緊張していて不安で仕方なかったが、互いを警戒し合いながら、そんな素振りを見せないようにした。まずは試合の進み方が説明された。予選があり、トーナメント戦なのでそのあとに敗者復活戦が行われ、準決勝、決勝となる。名前を呼ばれたら、畳と対戦相手に礼をし、「始め！」の号令とともに試合が始まる。第一試合、私は勝った。二試合目、勝った。三試合目も四試合目も同じように楽勝だった。気がつくと、決勝まで進んでいた。あと一人勝てば、優勝だ。無我夢中のまま、私はローヌのチャンピオンになった。早々と敗退していれば、私の夢はそこで終わっていたかもしれない。ヴェルディーノ先生は優勝メダルに触れながら「絶対勝つと思っていたよ」と言ってくれた。この勝利で、もしかしたら自分には柔道の才能があるのかもしれないと思った。また、柔道は私の情熱を決して裏切らないに違いないと確信した。

その一カ月後、私はローヌ県、アン県、ロワール県の最高の選手たちとリヨン選手権に出場した。さまざまなクラブからやってきた選手たちは、ローヌの選手権に比べていちだんと真剣だった。互いの力を探り合い、互いの力を知り、それぞれが力を出しきる勝負となった。私はここでもまた勝った。控室から出てきたヴェルディーノ先生は躍り上がっていた。体重別の級ごとに二名の選手がフランス選手権の出場権を獲得し、その記事はローヌ・アルプスの地方紙『ル・プログレ』のスポーツ面を飾った。サントクロワでは、指導者たちの私に対する見方が変わり、友人たちの態度も変わった。だが、学校の先生たちはそれまでとまったく同じだった

私にとって三回目の選手権となるフランス柔道選手権大会は、一九七二年四月三〇日にパリの《クーベルタン・スタジアム》で行われた。パリに行くのは初めてではなかった。一九六五年から六九年にかけて私たち一家はパリ郊外に住んでいたからだ。カルチェ・ラタンに父とバスター・キートン〔アメリカの映画俳優・監督。一八九五～一九六六年〕の『キートンのカメラマン』〔アメリカ、一九二八年〕を観に行ったこともよく覚えていた。大会の前日、長時間列車に揺られ、パリに着いた私は会場近くの小さなホテルに一泊した。ローヌ地方からパリに赴く私たち一行は、これから臨む大会の格式の高さにはまったく無頓着で、やる気満々とも言い難く、完全にバカンス気分の集団だった。

試合当日。朝の計量が終わると、私たちは畳の上でウォーミングアップをした。パリの選手たち

は人数が多く、家族の応援を受けながら、さあ、「これからお気に入りの会場で試合だぞ」とでもいわんばかりのホーム感を出していた。第一試合。私も相手も明らかなアドバンテージをとれないままに、審判の判定で私の負けとなった。まったく何もできずに終わった。私を負かした相手が次の試合で負けたので、敗者復活にもならなかった。仲間たちも同じだった。リヨンの選手は全員いいところがないまま、帰路につくことになった。大会はあっという間に終わった。だが、そんなに大きなショックでもなく、帰りの車内でも相変わらず冗談と笑い声があふれていた。そもそも、誰もタイトルを持ち帰れるなどとは思っていなかったのだ。

年齢的に一つ上の部になった私は、初めて失望を味わうことになる。三十四～三十八キロ級に出場したのだが、ローヌ選手権とリヨン選手権では簡単に優勝できたので、今度こそ全国レベルでも通用すると思っていた。クーベルタン・スタジアムでの試合は、二年前のジェルラン・スタジアムのときよりはるかにレベルが高く、はるかに緊張感があった。それでも最初の二試合に勝つことができた。だが、次の試合を思うと胃が締めつけられるようで筋肉もこわばった。くじ引きで、技術的には大したことがないものの興奮しすぎている少年と対戦することになったからだ。彼の柔道着があまりに乱れているのを見て、嫌な予感がした。案の定、その少年は私に攻撃させないためならなんでもありとばかりに技を仕かけてきた。時間だけがどんどん経っていく。なんとか「私の柔道」にもちこもうとしたのだが、審判は私を「戦意に欠けている」と判断した。準決勝を前に私は敗退した。足元が崩れ落ちるような気がした。相手のコーチがあれこれアドバイスする声が耳に入ってきて、試合に入りこめなかった自分を恨んだ。孤独感に加え、パリの大会場の雰囲気に圧倒されて田舎から来た劣等感にさいなまれてしまっていたのだろう。相手はこちらにまともな試合をさせないように突拍子もない奇襲をかけてきて、審判を撹乱した。美しい柔道をしたかった私は、いかさま師を前になす術がなかった。実際、私はいつでも簡単に勝てると思っていて、なんの準備もできていなかったのだ。

一日じゅう戦って、畳の上に残り、表彰台に上がりたかった。だが、すべてがここで終わってしまった。こんな感覚は初めてだった。子どもの頃の恐怖心がよみがえる気がした。怒りと涙の間を行ったり来たりしながら、ロッカールームに引き上げた。敗北感に打ちのめされた私は、自分のうぬぼれを嘲笑されたような気分だった。罰を受けたのだと思った。

帰り道はつらかった。リヨンの小さなチャンピオンは負けた。悪い結果を報告しなければならないのだ。あの試合に勝った選手のほうが私より優れているとはまったく思えなかった。こういうとき、誰もが言い訳をする。次はもっと頑張れるはずだとか、床が滑りやすかったとか、太陽がまぶしすぎたとか、審判が無能だったとか、人生なんてそんなものだとか、とにかく何かのせいにする。さらにはそっとしておいてほしいと言う。私は、まさにそういう状態だった。

第十三章
柔道着

柔道着なくしては柔道はありえない。柔道着は、小さな柔道家にとって最初の個人的な道具だ。柔道着には、茶道や歌舞伎、旅館の熱いお風呂の習慣など、西洋人が大好きな日本的で洗練された雰囲気が漂っている。

色は白。上着と下衣《かい》(ズボン)と帯で構成されている。柔道着を家で初めて着てみたとき、「何それ。パジャマ?」と言われたのを覚えている。丈夫で破れず、引っ張ったりねじったり抑えたりしても耐えられる素材が、袖にも襟にも首回りにも使われている。かつて足でつかむ技、肩車《かたぐるま》が許されていた時代——いまは禁止されてしまってとても残念だ——には、下衣にも同じ素材が使われていた。

新しい柔道着は全体に少し黄色がかった薄いでんぷん糊がきいているが、数回の洗濯で糊は消える。煮洗いするので、縮むことを考えて二サイズ上のものを選ぶことをお勧めする。もっとも、柔道着が縮むとざらざらになるとともに、腕をわずかに曲げただけで袖が短くなるので相手がつかみにくくなるのだが。

もともと、武士が戦いのときに使っていた着物からつくられたといわれている。武士はいつも華やかな服を着ていたわけではない。そういう服を着るのは行列のときぐらいで、通常は領地を管理したり、学問に励んだり、戦ったりしていたのだ。嘉納治五郎はそういうときの武士の着物に改良を加え、弟子たちに平等に着せることができる丈夫な柔道着を考えだした。一八八二年当時はまだ合成繊維など存在しなかったため、目の詰まった木綿を使って手づくりされた。現在の日本の柔道着のカタログを見ると、着心地、強度、汗の吸水性など、素材となる繊維の特性が自慢げに書かれている。だが、当時の子どもたちの柔道着はシンプルな生地でできていた。より凝ったものだと上着の裾の部分は「ダイヤモンド」構造で、ウエストから肩までは刺子《さしこ》という二重構造になっている。それによって分厚くなるのでつかみにくく、最初から相手に心理的打撃を与えることができる。実際、組手《くみて》を制するには指や手の強さも重要なポイントであることから、手の筋肉や指を鍛えるためだけの稽古があるほどだ。長い爪や指輪や腕時計は禁止されている。

つかみやすさはまた、袖や襟によっても変わってくる。経験豊富な柔道家は、身体に密着し、つかみにくい道着を選び、柔道の経験を積むほど柔道着も重くなっていく。毎晩道場にいる指導者や選手は、柔道着を何枚も持っていてしょっちゅう着替えることになる。帯だけは一本しか持たず、それを毎回締めたり解いたりする。そして、帯に自分の名前を刺繍してもらうのも至福の喜びである。

女性が上着の下にTシャツを着れば、柔道着はユニセックスだ。そして、畳の上では、相手に近づくことも、相手の香水も汗も肌も体毛も、何も気にしてなどいられない。身体的な接触を嫌っていては始まらないのだ。戦い終わったら、それこそひどい恰好になっている。

嘉納治五郎の有名な写真がある。撮影された日付もサインもないが、柔道家なら誰でも知っている印象深い一枚だ。年齢相応に曲がった脚をしっかり床につけて背筋を伸ばして立ち、着物の両襟を贅肉のない腹部に押し付け、完璧な結び方で帯を締めている。だが、前腕が見えるほど上着の袖は短く、下衣の裾は膝下ぎりぎりまでしかない。すべてが短く、素朴さとシンプルながら力強さがあり、無敵な雰囲気をかもすいでたちだ。

東京の講道館には、目に見える柔道の歴史としてさまざまなコレクションが保存され、いまもなお風雪に耐えている。私はそのひっそりとした保存庫の扉を開けることを夢見ていた。講道館を訪れると、博物館の四階には、西郷四郎の擦り切れた一着にいたるまで、柔道着が山ほど展示されていた。私には、聖骸布以上の価値があるものに見えた。だが、ナザレのイエスの布とは違って西郷四郎の柔道着は写真を撮ってもかまわないようだった。ところで、小さな男が大きな男を投げることは、柔道が登場するまでは、水の上を歩くのと同じぐらいの奇跡だったのである。

柔道着を着ることには、自分がどういう柔道家かを知らしめる快感がある。特に一平方メートル当たり七百五十グラムの重みのミズノの柔道着をつけている相手には大きな敬意を払うべきだろう。サッカーでペナルティーキックのときに選手が土壇場で足の向きを変えるように、柔道家は片手を相手に向かって伸ばし、反対の手を脇の下に隠してすぐには攻撃しないふりをしたり、帯の両端を引っ張って結び目を確認したり、逆に戦いを中断させるためにわざと帯を緩めたりすることもある。相手に袖を取られないように少し持ち上げてみたり、襟を肩の方に少し上げて背中に涼しい空気を入れて熱を逃がしたりすることもある。テニスでは、アメリカのビタス・ゲルレイティス〔一九五四〜一九九四年〕はゲームチェンジの際にラケットのグリップテープを交換し、スペインのラファエル・ナダルはサーブの前に毎回下着をお尻のあたりでつまむ癖がある。選手それぞれ、身につけるものに関しても独自の習慣があるものだ。

週に一度洗濯し、屋外に干した柔道着は、上着と下衣を分けてハンガーにかけておくか、四角くたたんで帯をかけて結んで丸める。よい柔道着は清潔な匂いと無垢な白さをもち、着る者を鼓舞してくれる。そして、清潔に保った身体と自由な精神、リラックスした筋肉と健康的な心をもった柔道家は、柔らかい畳の上に素足を置くと安らぎを感じる。よい柔道着を身につけたからといって戦いが上手くなるわけではないが、相手も同じようにきちっと柔道着を着こなしていると技術的な調和を図ることができるのだ。こうした充足感は、慣れ親しんだものの快適さと集団の美学のなかでふさわしい柔道着を着ることからつくりだされるものだろう。

柔道人生において、柔道着も頻繁に新しくなる。何時間もの乱取《らんどり》や打込《うちこみ》、何リットルもの汗、そして倒れるときの荒々しさの代償として、擦り切れ、古びていく。私は自分の柔道着をどこにしまったのかまったく覚えていないのだが、おそらく古いトレーニングウェアや獲得したカップやメダルといっしょに段ボールに入っているのだろう。帯のほとんどは失くしてしまったが、何本かは自分の生徒にあげ、一度も使っていない数本はとってある。

大人になるまで柔道着を着ることが当たり前だった私は、年が明けたら、長年忘れていた柔道着を再び背負って《鏡開き》に行かなければならない。さぞやわくわくすることだろう。パリの道場の広大な畳の上に集まった何十人もの柔道家たちの前で、晴れ着姿でスピーチをする。そう、久しぶりに柔道着を着て。

第十四章 揺らぐ王者

一九七三年、引っ越したばかりでまだ友達もいない私は、真っ先にアンブロワーズ・クロワザ大通りにある公立図書館に足を運んだ。当時は一年前に買ったオレンジ色のロードバイクに乗っていて、図書館に行くにもその自転車にまたがり、マンゲットの丘を降りていった。新たな子ども時代が始まり、この図書館はサン＝フォンの柔道クラブと並んで私の最初の居場所となった。図書館への愛着はその後もずっと変わっていない。私にとって、本で満たされた場所ほど自分が受けいれられていると感じられ、心地よい場所はないのだから。

図書館では、いつも《スポーツ》の棚に行き、日刊紙『リュマニテ』のスポーツ欄を担当しているローラン・パスヴァン〔フランスのジャーナリスト。一九二八～二〇〇二年〕の記事を読んだ。その年代の子どもは普通、植物の図鑑などに夢中になるものだが、当時の私の興味の対象はパニーニ〔ステッカーやトレーディングカードなどを販売するイタリアの出版、流通会社〕や、カンパニョーロやシマノといった自転車関連メーカーの広告、プジョーの自転車などだった。毎週、そういうものが満載されている雑誌や本をたくさん借りてきた。期限を過ぎてから返却し、図書館のカウンターで一日じゅうジャン・フェラ〔フランスのシンガーソングライター。一九三〇～二〇一〇年〕の歌を聴いているおばさんに叱られたこともあれば、自分の「スポーツアルバム」用に写真を何枚かこっそり切り抜いてから雑誌を返すこともあった。もちろんそれはとんでもなく恥ずべき行為なのだが、フランソワ・トリュフォー〔フランス、一九三二～一九八四年〕監督の『大人は判ってくれない』〔フランス、一九五九年〕でトリュフォーが映画館から写真を盗むシーンを見たときには、その恥ずかしさが少しだけやわらいだ。とはいえ、そのときの罪悪感はいまだに私の心のなかにある。

コレージュ・ポール＝エリュアールを卒業した私は、リセ・マルセル＝サンバの理系コースに進んだ〔コレージュはほぼ日本の中学校、リセは高校に当たる〕。そのリセでは校長先生も教師たちも理系へのこだわりが強かった。一方で、その時代、人々は政治や革命について声高に議論していた。しかし、私の関心はひたすらスポーツだった。同年代の少年たちはみんなそうだったが、毎日のんきに過ごし、自分の将来についてなどまったく真剣に考えていなかった。ただ私は、その頃から映画と詩が大好きだったので、将来は教師になるとともに本を書きたいと漠然と思っていた。周りの大人たちはみんな政治意識が高く、私が柔道にかぶれていることに呆れたり戸惑ったりしているようだった。スポーツや遊びに夢中になるような時代ではなかったからだ。私は第一チャンネルの『日曜スポーツ』や第二チャンネルの『スタッド2』といった番組を見逃さないよう必死だったが、大人たちはスポーツニュースをいわば敵視していた。だが、私が議論したかったのは、毛沢東がどうのこうのといったことではなく、たとえばフランス代表のラグビー選手についてだった。

どこかのチームのサポーターとしてスポーツに熱狂するだけで下等な人間だと決めつけられるような時代だったが、そんなことがあるわけがない。私はもちろんそれがわかっていた。一方で、そういう偏見をもつ人たちへの処し方も学んだ。その後、たとえばシルヴェスター・スタローンの『パラダイス・アレイ』〔シルヴェスター・スタローン監督、アメリカ、一九七八年〕や『フィスト』〔ノーマン・ジュイソン監督、アメリカ、一九七八年〕、そして『ランボー』〔テッド・コッチェフ監督、アメリカ、一九八二年〕などをけなす人がいれば、私は全力でそれらの作品を擁護する術を学んだ。だがその時代、誰もが政治について話していた。校庭では、右寄りの怠惰なノンポリと左翼革命家の間に存在する者はあまりいなかった。どちらかの立場をとるのが当然といった雰囲気だった。一時期、私はルネ・アビ教育大臣の改革〔一九七五年、フランスにおける中等教育の仕組みが立て直された〕に抗議する活動をし、夜を徹しての学生集会にもたびたび顔を出したが、やがてすべては過去の模倣にすぎないと思え、組織に所属したり、何かにつけてグループをつくったり、集会に参加したりすることから離れるようになっていく。私にはそうした活動は自我の喪失にも見えた。とはいえ、時代が私たちに課している、燃え上がる若者たちというステレオタイプなイメージから逃れることは不可能だった。そんな私でさえ、つねに自己を正当化し、なぜそうなのかを説明し、「政治的にどの立場をとるのか?」という質問に答えつづけなければならなかったからだ。そして私はいつだって「自分はマンゲットの人間だ」、つまり労働者の味方だと答えた。

それはまた、独特の表現、習慣、ユーモア、言葉の暴力をもつ時代であるとともに、魅力的で、滑稽で、グロテスクで、危険なアイデアが無限に存在する時代でもあった。私も政治にまったく興味がないというわけではなかった。というのも、私の両親もご多分に漏れず政治的活動に身を投じ、消費社会や世界じゅうの貧困との闘いなどがつねに家族の会話の中心だったからだ。当時はまだ、環境破壊や人類の絶滅危機については何も知られていなかった。両親の友人たちは誰もが理論武装し、私はいつも、抗議する人たち、政治参加する人たち、大義のために給与を投じる人たちを称賛の目で見ていた。リヨンのポン広場やビルバオ銀行の前をこぶしを振り上げながら集団で練り歩くデモも好きだった。そんな時代に柔道に励んでいる者といえば、インテリ層というより中流家庭の政治色のない少年たちばかりだった。柔道の仲間たちに、デモや政治の話をすると不思議そうな顔をされた。本や映画、政治的な議論をするのが当たり前の環境で育った私は、道場の更衣室では異質な存在だったのだ。

一九六八年。私たち若者は、そんな時代に染まりたくはなかった。ユーモアのセンスを失ったような組織の一員にさせられたり、政党に入れられたりすることを恐れてもいた。そうなったら、アパルトマンの下でサッカーに興じることなどできなくなってしまう。団地のなかでただぶらぶらし、自分たちの生きがいともいえる大事なこと、つまりスポーツのことばかり話していたかった。

私は、周りの人間が熱心に政治活動をしているのが嫌なわけではなかったものの、自分はそうはならなかった。ある日、その理由がわかった。一九七〇年代にティーンエイジャーだった私たちの世代は、六〇年代のあれこれを経験しておらず、かといって八〇年代のノリにもついていけないのだ。私たちには闘う力もなければ、登る山もなかった。この世界での私たちの居場所は、いま自分がいる場所でしかなく、それが存在していることのありがたさにすら気づかなかった。ふざけてばかりの若者だった私たちに、言うべきことや成し遂げるべきことがあったのだろうか? 私たちはそれがわからないまま、何もしなかった。だが、本当は何かをすべきだったのだろう。リヨンには、フリーラジオ〔おもに一九七〇年代にヨーロッパで流行した海賊ラジオ放送〕の理想形のような《ラジオ・カニュ》があったものの、実際に、若者たちを町に駆り出したのは《NRJ》という商業的なラジオ局だった。大事なことがあったはずなのに、私たちは見せかけやすり替えといった大人のやり方を警戒しながらも、何もしようとしなかったのだ。私たちの記憶は歴史の門の前で止まってしまった。覚えているのはスタジアムやコンサートホールや映画館の門をくぐって騒いだことだけだ。まあ、それも悪くはないだろう。おそらく、何かの理想に従ったことなどまったくないと言い切ってしまえるのは、ある意味、便利だからだ。少なくとも、私たちはどんな理想も裏切ってはこなかった。だが一方で、裏切るものが何もないことが欲求不満でもあった。先の時代の人たちが経験した冒険は私たちのものではなかった。社会的に見て重大なテーマは、私たちの時代に届いたときにはすでに手垢にまみれ、使い古されていた。

子ども時代の気楽さのなかで、私は大好きなスポーツを通して、アスリートたちの情熱や功績だけでなく、さまざまな街についても知るようになった。いまでも、いろいろなレースや試合をよく覚えている。数学で習ったことは忘れても、スポーツについてはスポンジのようにさまざまなことを吸収し、たとえば一九七二年のミュンヘン・オリンピックで、旧西ドイツのクラウス・ヴォルファーマンがやり投げで、旧ソ連のワシリー・アレクセイエフ〔一九四二〜二〇一一年〕が重量挙げのスーパーヘビー級で優勝し、自転車競技ではフランスのダニエル・モレロンが無敵だったことはいまだに頭のなかに鮮明にある。

スポーツ選手に対する私の憧れはどんどん広がっていき、どんな種目も関心の的になった。毎週末、有名選手の試合やトーナメントがある夜には、私にとってはもう一つの世界史が目の前で繰り広げられていた。両親はそんな息子を諦めの目で見ていたが、スポーツは私を内気な性格から解放してくれ、まるで秘密の学問のような役割を果たしてくれた。このように好きな分野に対する貪欲な知識欲は、どうやら映画が好きになる前からあったようで、当時の私は、長じてドイツの映画監督のムルナウ〔一八八八〜一九三一年〕の映画作品一覧《フィルモグラフィー》を覚えたときと同じような情熱で、ツール・ド・フランスの勝利者のリストを暗記していった。そしていまでは、私の息子がオリンピック・リヨンの女子チームのメンバーをすべて言え、さらにはラップグループの名前を全部覚えていて、週末になると私に聞かせてくれるのだ。それが息子の自信を育んでいるということを私はよく知っている。

フランスのインテリたちがスポーツに興味をもつのはもっとあと、スポーツ好きは馬鹿だという偏見がほとんどなくなってからのことだ。だが、ドーピングやフェイクニュースばかりが話題になることもない、スポーツの当たり前の美しさがそこにあった時代には、スポーツ好きのインテリはとても少なかった。百メートルは百メートルであり、向かい風を受けながら上り坂の斜面を走るのはランナーにとって本当に苦しい。ストップウォッチやボクシングのリングや登るべき山は決して嘘をつかず、スポーツとは、時代のうねりの裏に隠され、時代の騒音にかき消されてしまいがちな、変わらぬ真実を教えてくれるものだった。子どもだった私の目には、スポーツは純粋でまっすぐで、伝説的なものに映っていた。そうでないと誰かが言っても、絶対に認めなかった。スポーツはとてつもない喜びを与えてくれるだけでなく、容赦のない判決と残酷な真実を示すことでとてつもない苦しみをもたらすこともある。だからこそ、スポーツを通じて、私たちは人生の試練に耐えることを学ぶのだ。

私のお気に入りの選手の多くが世間では愛されていなかった。その後、私が映画の世界に移ってもそれは変わらず、私は好きなのに世間からは評価されていない、あるいは十分には評価されていない人物がたくさんいる。だが、そういう人たちがいなければ、スポーツ界も映画界もいまとは違っていたはずだ。モハメド・アリ〔アメリカ、一九四二〜二〇一六年〕をほら吹きだと思っていた大衆は、彼がジョー・フレジャー〔一九四四〜二〇一一年〕に十五ラウンドで倒され、立ち上がれなかったときに大喜びをした。一九七一年三月八日、ニューヨークの《マディソン・スクエア・ガーデン》で行われたボクシングの世紀の一戦でのことだ。私はアリが大好きだった。一方で、彼の肉体の美しさと才能、挑発的行動と宗教的発言の裏にどこかはかなさも感じていた。しかし、傲慢に見える挙動や大口を叩く態度の背後にある彼の一途さを見抜けないのであれば、その人の目はよほどの節穴だろう。彼はベトナム戦争への徴兵を拒否してこう言ったという「俺のことを一度もニガーと呼ばなかったベトコンとの戦争になど、俺は行かない」。彼の発言は、「ベトナム人は黒いアジア人だ」というこれまたすばらしい言葉とともに、たくさんの歴史的教訓を与えてくれた。そして、リングの上では、ガードを下げたまま飛び跳ねたり、ロープに逃げ込んで「そんなもんか？　もっと強く殴れないのかい？」などと相手を挑発したり、後ろに下がりながらパンチを繰り出したりと、禁止されていることをすべてやってのけた。世間は彼を拒絶した。だが、そのアリがパーキンソン病に侵され、震える身体でアトランタ・オリンピック大会の聖火台に点火をすると、全世界が感動した。そのとき、人々は彼が世界でもっとも忌み嫌われた男の一人だったということをすっかり忘れていたのだ。その後も私は、F1ドライバーならアイルトン・セナ〔一九六〇～一九九四年〕よりもアラン・プロスト、サッカー選手ならリオネル・メッシよりもディエゴ・マラドーナを好きになり、世間から見捨てられた偉大な選手たちの情熱的なファンでありつづけた。

スポーツも映画も時代を物語る。どちらも大衆のものであり、人生の意味や夢やドラマをつくりだす。いまやお金が支配する時代だが、オリンピックにもカンヌ国際映画祭にも、誰もが認めるヒエラルキーのなかにスターもいれば、偉大な巨匠もいる。才能あふれる人物もいれば、流れ星のような人物もいる。忘れられた人たちもいれば、新人もいる。さらにはたいした才能がないのに過大評価されている者もいる。アウトサイダーともいえる選手が「背面跳び」で走高跳びに革命を起こし〔一九六九年メキシコ・オリンピックで、アメリカの新星ディック・フォスベリーが背面跳びで金メダルを獲得。この跳躍法は「フォスベリー・フロップ」と呼ばれた〕、韓国の監督がどこからともなくやってきてパルム・ドール、オスカー、そして世界じゅうの観客のハートをかっさらっていく〔二〇一九年製作のポン・ジュノ監督の『パラサイト』が韓国作品として初めてパルム・ドールとアカデミー賞作品賞に輝いた〕。どちらも同じような奇跡だ。

ヴェニシューの市立図書館で私が初めて本を読んだ頃からかなりの年月が経った。これまでたくさんの柔道の本を買ったが、柔道をしなくなった私と柔道をつなぐ唯一のものが書物である。初めてお小遣いで買った柔道の本、ルイス・ロベール〔フランスの柔道家〕の『*Le Guide Marabout du Judo*（柔道の達人手引き）』から、最近インターネットで久しぶりに目にしたクリスティアン・キデ〔フランスのジャーナリスト。一九三二〜二〇一〇年〕の『*L'Aventure du judo français*（フランス柔道の冒険）』に至るまで、フランスやアングロ・サクソン圏や日本の柔道関連本をおよそ百冊挙げることができるが、それらはすべて私自身の柔道の歴史を物語るものでもある。柔道の合宿に行くときにはいつも本を持っていったものだ。ライバルたちのなかで私に有利な点があるとすれば、それは柔道の歴史をよく知っていること、そして柔道について学ぼうという意欲をつねにもっていたことだった。のちに映画を好きになった私は、柔道の本を片っぱしから読んでいたのと同じように映画についての本を読みあさった。そしていま、私の人生にはつねに傍らに本があったと断言できる。

第十五章
結末はまだ編集していない
（幕間休憩）

二〇一九年三月一一日月曜日十八時、私はロサンゼルスのクエンティン・タランティーノの「編集室」から出てきた。タランティーノは、「ポスプロ」と呼ばれる撮影後の作業のために家を一軒借りて、映画が完成するまで仲間たちと閉じこもる習慣がある。この地区はハリウッドの中心部に近いが、アカデミー賞授賞式の会場、さまざまなスタジオ、ユニバーサルパーク、さらには観光客が訪れる定番の通りなどからは隔った、小さな家が立ち並ぶ閑静な住宅街だ。私は名残り惜しい気分のまま、この時代のもっとも重要な映画製作者の一人がその年でもっとも重要な映画を製作しているこの地区をあとにした。外に出ると雲が少しずつ増えてはいるものの、薄紫とブルーの夕焼けにははっとするほど美しく、なんとも贅沢な贈り物だった。

昨夜はビバリーヒルズの高級ショッピングストリート《ロデオドライブ》で、タランティーノと夕食をともにした。彼はまだ公表されていない製作中の新作について少し話してくれた。ネット上でその作品についての情報が少しでも流れたら、世界じゅうの映画ファンが大騒ぎするに違いない。タランティーノは、『ワンス・アポン・ア・タイム・イン・ハリウッド（Once Upon a Time in… Hollywood）』という、やりすぎともいえるタイトル（「この中断記号…が大事なんだ！」と彼は言った）のその作品にとても満足そうだった。いつ完成するのかを心配している私の表情に気づくとすぐに、「カンヌには絶対間に合わせるから」と断言した。だがその彼の言い方から、私はむしろ、この世に確かなものなど何もないという思いを強くした。

クエンティン・タランティーノは、その伝説にふさわしい人物である。いや、つねに伝説を超えてきた人物といえよう。長年、周囲からは悪ガキのイメージをもたれ、それに足を引っ張られることもしょっちゅうだったが、その実、とても繊細だ。新作についてはこう言っていた「この作品を自由につくらせてくれた人たちのためにも、うまくいってほしいんだ」。このようにプロデューサーたちを尊重する一方で、自ら脚本、撮影、編集といったあらゆる段階をコントロールし、完成までもっていく術をよく知っている。

私はその夕食の席に、タランティーノがリヨンに来たときに見つけたコート・ロティのワインを二本持っていった。すると、彼はどうしてもすぐに飲んでみたいと言いだし、店のウエイターを呆れさせた。結局、彼はそのワインを注がせたグラスを掲げ、「映画人《シネアスト》に乾杯！」と言いながら、私と乾杯したのだった。それから私がマーティン・スコセッシとフランシス・コッポラを英雄にたとえたのをきっかけに、その二人の巨匠についての話に花が咲いた。スコセッシといえば、いつもしゃべり方がマシンガンのようだとか、その口調がアメリカの古いタイプライター《アンダーウッド》を思わせるという話になるが、スコセッシがマシンガンなら、タランティーノの話し方はさしずめ、ロックオペラに登場するすべての配役を一人で演じる役者のセリフ回しといったところだろう。五十六歳になってもそれは変わらない。彼が何かを話しだすと、つまり映画について語りだすと、若い頃から一貫した情熱と熱意がほとばしる。そこにはまた、世間で映画が斜陽になりつつあることへの一抹の不安(彼は「だが、われわれは違うぞ！」と語気を強めた)、そして自分の仕事に対するポーズなどでは決してない謙遜が入りまじる。「脚本がすばらしいのでそれに見合うものをつくらなければ。完成にはまだまだ時間がかかりそうだが」

そしてつい先ほど、タランティーノは住宅地のなかに建てられた一軒家の一階で、彼いわく「上映時間が二時間四十五分になるはず」の新作の大部分を私に見せてくれたのだ。倍の長さでもよかったのに、と私は思った。それだけ面白かった。ストーリーが進めば進むほど、このまま終わらないでほしいという思いが強くなった。だが、映画の宣伝・配給会社は決してオーケーしないとわかっている。この時代、そんな長さをよしとするのは、かつて大画面に心を躍らされ、テレビという小さな画面の時代を経てタブレットや携帯といったさらに小さなモニターの時代になってもなお、なんとか映画に生き残ってほしいと願っている私たちぐらいのものだろう。若い映画ファンが映画を見る場所といえば、いまや車や列車のなかだ。かくいう私も、実は、『キル・ビル Vol.1 & 2』〔クエンティン・タランティーノ監督、アメリカ、二〇〇三、二〇〇四年〕を見たのは、パリ－リヨン往復の高速列車《TGV》のなかでだった。思っていたよりは見やすかった。だが、《ニュー・ビバリー・シネマ》〔一九二〇年代に建てられたロサンゼルスの古い映画館。タランティーノがオーナーであることでも有名〕で35ミリプリントとシネマスコープで上映することしか夢見ていない彼に、さすがにそのことは言えなかった。

レオナルド・ディカプリオ演じるリック・ダルトンとブラッド・ピット演じるクリフ・ブース。映画界が人生のすべてだったこの二人の美しき敗者たちが、現実を思い知ってぶらぶらと歩くシーンで試写の映像は突然止まった。タランティーノは「今日はここまでだ！　結末は見せられない。まだ編集していないんでね」と言った。一瞬の沈黙。「もっとも編集が終わっていたとしても見せないけどね」。またもや沈黙。「カンヌで見てほしいってことさ！」。爆笑。「きみがノミネートさえしてくれれば、見れるってわけだ！」二度目の爆笑が起こった。カンヌ映画祭の選考委員という束の間の特権のおかげで、私は毎年十週間ほど、万一明かしてしまえばメディア業界全体を揺るがしかねないような秘密の持ち主になるのである。

タランティーノが「あっと言わせるよ」と約束してくれた結末を見ることはできなかったものの、私は『ワンス・アポン・ア・タイム・イン・ハリウッド』に衝撃を受けた。情熱を心に抱えていた子どもの頃に引き戻してくれ、私もそんなふうに柔道について語りたいと思わせてくれたからだ。自尊心を失った男が一人の子どもとの思いがけない出会いをきっかけに立ち直っていく――この作品のテーマは、いわば「自己評価」だ。死に取り憑かれた映画もあるが、これは生に取り憑かれた映画といえる。きわめてナラティブなストーリー、俳優が視線とともに投げかけるセリフ、饒舌な会話やさまざまな脱線が続くなか、今後はどんどん希少なものになってしまうかもしれない映画という形態のなかで次々とシーンを展開してみせる。

作品のもつ真の神秘は、エンドロールを見終わってもその場ですぐに明かされるものではない。時間をかけなければいけないのだ。この作品は、もう一度見たいという気持ち――結末を知る前に死んでしまうかもしれないのだから――に加え、この種の映画がまだ存在しているという安心感を与えてくれた。そして、公開されたとたんに点数や星の数で評価され、ときには冷笑にさらされるが、そんなときにこそこういう作品を守らなければならないのだ、という確信を私に抱かせた。
試写室でタランティーノは私の後ろに座っていた。私のどんな小さな反応も動きも見逃すまい、はては息づかいまでをも聞き逃すまいと見張っている気がした。そのとき、偶然にもこの作品を製作したコロンビア・ピクチャーズ〔現在はソニー・ピクチャーズの傘下にある〕のかつての社長だったハリー・コーン〔一八九一〜一九五八年〕について語られているエピソードを思い出した。一九四〇年代、コーンはプライベートな試写室にわざと少しがたがたする椅子を置いた。そしてこう言ったという「座席の音がするのは座っている人が動いているからだ。動いているのは退屈しているからだ。退屈しているということはつまり、その作品の編集をやり直さなければならないということだ」

主人公たちへの驚くほど優しいまなざしに包まれたこの作品のもっとも大きな特徴は、一九六九年を再現することへのタランティーノのこだわりである。ロサンゼルスに建てられた中国風建築の劇場《グローマンズ・チャイニーズ・シアター》、サンセット・ストリップ通りに建ち並ぶクラブ、環境破壊がこれほど深刻になる前の幸福感のなかで丘の上に建てられた家々、映画館の入り口、当時の車、カリフォルニアのラジオ局のＢＧＭ……。カラーのシネマスコープに35ミリフィルムを使った撮影にもこだわり、数千万ドルを投じたという。「あのくだらないＤＣＰ〔デジタルシネマで上映する際の配信形式。デジタルシネマパッケージの略〕なんかではなくてね！」タランティーノは興奮気味にそう語った。

私は映画とは何かを知っている。ロスに行ったのも、タランティーノをカンヌ映画祭に連れ戻すためだった。だから、今回の試写のあとにはいろいろと冷静に感想を述べなければならないと覚悟していた。ところが見終わると、ある感情が私の心をとらえて離さなかった。私がいま見たのはスクリーン上の自伝だ。音楽と若者が中心のこの作品に、タランティーノは古典的な映画ファンとしての自己観察に加え、彼自身が映画界に足を踏み入れた頃の「時代」というもう一つの要素を加えた。オーソン・ウェルズ〔アメリカの映画監督。俳優。一九一五～一九八五年〕を思わせるこの作品は、ソニー・ピクチャーズ・モーション・ピクチャー・グループのCEO、トム・ロスマンから贈られたおもちゃのようなものだ。タランティーノは、このおもちゃで遊びながら、嬉々として慣習から脱線し、シナリオの重心を絶えず移動させ、イメージを拡大してみせる。この作品をひと言でまとめるのは難しいが、時代、時間の流れ、そして過去について再発見できる仕かけをふんだんにちりばめ、ちょっとした小道具や、ガソリンスタンドやホテルのネオンといった背景、《ムッソー&フランク》〔一九一九年にオープンしたロサンゼルスの有名レストラン〕でのディカプリオとアル・パチーノのシーン、さらにはエージェントやプロデューサーやスタジオなどを通して、黄金時代のハリウッドをよみがえらせる。そして、かつてのハリウッドのシステムが黄昏を迎え、次第に崩れていく姿を見せてくれるのだ。

タランティーノとの夕食を終え、ロサンゼルスの街を走る車のなかで、私は昨夜の会話を反芻していた。彼の作品については、世の中の評価がまだ十分に定まっていないといえる。殿堂入りを果たすべき人物であるが、作品はそれほど多くはなく、この若さでそれを成し遂げた例はない。映画館、プラットフォーム、シリーズ作品など、いま現在、映画界が抱える課題について、私は再び考えをめぐらせた。タランティーノはずっと、生涯十本しか映画をつくるつもりはないと言いつづけているが、私は最後の一本まで歓迎するつもりだ。『ワンス・アポン・ア・タイム・イン・ハリウッド』は九作目に当たる。彼自身にも、もうあまり時間が残されていない。そう思えば、この九作目が映画というよりむしろ文学に近い香りを漂わせていることも、そこに彼自身の存在価値を探求するという密かな目論見が感じられるのも、決して偶然ではないだろう。ただし、小説家は自分の人生を語ることができるが、映画作家はフェリーニ〔イタリア、一九二〇～一九九三年〕やトリュフォーでもないかぎり、そんな贅沢は許されない。あの黒澤明でさえ、彼自身を重ねて描いたと思われる映画『どですかでん』〔一九七〇年〕を発表したあとに、自殺未遂をしているのだから。

　これはいわば、失われた街と失われた記憶への鎮魂歌であり、かつての映画に対するメランコリックな追悼の儀式ともいえる。その昔リヨンでジャン＝ポール・ベルモンドを「超クール」と形容したタランティーノだが、そんな「超クール」なスタイルを取り込んで、挫折した「西部劇」俳優と冷めた性格のスタントダブルの古めかしいポートレートを描き、そんな彼らが大笑いしたり、無上の喜びを感じたり、心からの悲しみに浸る姿を見せてくれる。

私はまた、タランティーノが「今日はここまで」と終わらせた直前の、メキシコ料理店《エル・コヨーテ》の看板の上をクレーンで移動するシーンをはじめ、八カ月連続上映されている『ロミオとジュリエット』〔フランコ・ゼフィレッリ監督、イギリス・イタリア、一九六八年〕の巨大看板を掲げるヴァイン劇場のシーケンス、録音を開始するテープレコーダーのクローズアップ、ブラッド・ピットが愛犬と食事をし、キャラバンの屋根にのぼって近くのドライブインで上映されている映画をこっそり見るシーケンスなどを思い出していた。さらには、ブラッド・ピットが傲慢で滑稽なブルース・リー〔一九四〇〜一九七三年〕と口論になるシーン。ブルース・リーは、私たちの子ども時代における、いわばジェームス・ディーン〔一九三一〜一九五五年〕のような憧れの存在だが、そのルックス、立ち居振る舞い、雄叫び、さらには前蹴りや、誰にも真似できないヌンチャクさばきを私は尊敬していた。リヨンにまだ映画館が六十ぐらいあった頃、ポン広場のガンベッタ地域で、彼が主演する香港のアクション映画『ドラゴン怒りの鉄拳』〔ロー・ウェイ監督、香港、一九七二年〕『ドラゴンへの道』〔ブルース・リー監督、香港、一九七二年〕『燃えよドラゴン』〔ロバート・クローズ監督、香港、一九七三年〕を三本続けて見たこともある。

芸術作品とは、それを目にした者をそれまでとは違う人間にする。だからこそ芸術作品なのである。タランティーノの作品を見た者は彼の友人となって、その物語に入り込む。まるで、この瞬間これをつくるのは必然なのだと言わんばかりに、すべてが共鳴しているのだ。六〇年代のユートピアが揺らぎつつあるあの夏について、やがて来る八〇年代の衰退期に向かっていることに気づいていないあの時代について、タランティーノは何も削除したりせず、どんなディテールも満足するまで練り上げて、「六〇年代のロサンゼルスでの子ども時代の思い出」をたっぷりと届けてくれる。彼がこんなふうに過去を振り返り、斜陽になっていく映画界にこれほどまでに踏み込んだ作品をつくるとはまったく予想していなかった。

カリフォルニアの映画愛好家《シネフィル》であったタランティーノは、これまでつねに、自分が熱愛するものの背後に隠れた存在だった。だが今回の作品については、自ら進んで、これは私であり、私が育った私の街だと語っている。ロサンゼルスに対する彼のそういうまなざしは、あまりに意外で衝撃的ですらあった。試写会が終わると、私はクエンティンをハグした。彼は、私たちが彼について、彼の映画について、ロサンゼルスについて知っていることを塗り替えてくれ、そして、年をとって人生の黄昏が近づいたときにどんな人生を送るのかと問いかけてくる。ときには思い出の場所を訪れ、自分を自分たらしめているものを褒め称えるべきだと言うのだ。それこそが、老いたときに抱くかもしれない後悔の念をやわらげ、老いていくことを助けてくれるだろう。

子ども時代とは、自分だけが戻ることのできる想像の世界であり、現実の世界でもある。歌、映像、香り……、どれも息を引き取る直前に思い出すだろう。この映画は、私が柔道を始めた年、一九六九年を舞台にしている。そこから始まった月日が、あの時代の映画や音楽や映画館が、そこにいるとは期待していなかった映画人《シネアスト》のもとに戻ってきたように、私のもとにも戻ってきた。だから、私はここでタランティーノの話をしたのである。

第十六章
ルドン先生

入り口を入ると、奥の壁にかかっている黄色い馬の頭が目に飛び込んでくる。美しい太陽の真ん中に馬の頭のレリーフがあり、その横では、白い柔道着を着た二人の柔道家が美しい裏投《うらなげ》の稽古をしている姿が描かれている。裏投《うらなげ》とは、背中をそらせて相手を高く持ち上げ、背後から落とす技だ。その紋章の上方には、ここの名前が円形に記されている。《サン＝フォン柔道クラブ》。私が入った新しい柔道クラブだ。

一九七三年夏、私たち一家はリヨンの南、ヴェニシューに引っ越した。一九四五年に共産党市長が選出されて以来、共産系が強い郊外の中心地である。所得が上がればより豊かな地域に引っ越すのが普通だが、我が家は裕福な街カルイールから労働者の街に引っ越した。所得が下がったからではなく、政治的な信条からだ。また、家族一人ひとりが部屋を持てるように、より大きなアパルトマンが必要になったからでもある。

ヴェニシューには、自動車や軍用車両のメーカー、ベルニエ社の拠点やＳＮＣＦ（フランス国鉄）の社宅などがある。第二次世界大戦後はフランス、イタリア、スペイン、ポルトガルの労働者が集まり、一九六〇年代にはフランスの産業を支えるために北アフリカから働き手がやってきて人種のるつぼとなり、その後、ジスカール・デスタン〔第二十代フランス大統領。一九二六～二〇二〇年〕によって移民の家族の呼び寄せが進められた街でもある。マンゲット台地と呼ばれる農地に、横に細長いアパルトマンや十五階建ての高層アパルトマンが立ち並ぶニュータウンが建設されたのだ。野菜畑が広がる丘の下には化学工場や製油所が広がっていた。

　工場地帯を見下ろす丘の上はいつだって暑かった。空に雲がかかっていると、それが気まぐれな天気によるものなのか、《ローヌ・プーラン化学工場》の煙突のせいなのか、誰にもわからなかった。ただし、夏の夕方、街に漂う甘いマシュマロのようなにおいは、間違いなく工場からのものだった。

　一九六九年から七三年の四年間、私は本物の小さな柔道家になっていた。ＥＤＦのセンター通いをやめた私は、ヴェニシューとサン＝フォンで柔道とともに人生でもっとも美しい年月を過ごすことになる。初々しい気持ちを抱く年齢ではなかったが、マンゲットに着いたときの気持ちを言葉で表すのは難しい。到着したのは七月初旬、学期開始の二カ月前だったので、近所を散策したりプールに行ったり、仲間をつくったりする時間があった。

マンゲットには一万戸の住居があり、そのうちの六十パーセントがＨＬＭ（低家賃住宅）だった。住民数は二万五千人、国籍は四十カ国に及ぶといわれ、あっという間に失業率が四十パーセントとなった。我が家のアパルトマンは、ヴェニシューのショッピングセンターの裏手、まだ建設中の「第三区画」の近くにあった。

サン＝フォンは温かく活気のある街で、私は歩いて柔道クラブに通った。その道場は、マンゲットの丘とクロシェットの丘の裾野に広がるサン＝フォン市営の競技場のなかにあり、「本物の」柔道クラブだった。つまり、毎晩開いていて試合もしょっちゅう行われ、公式の昇段試験を受けることもできた。その道場に通えば、自動的にフランス柔道連盟の会員になることができたのだ。一九七三年九月に通いはじめた私はすぐに、その熱気と汗のにおい、そして仕切っているレイモン・ルドン先生をとても好きになった。ヴェルディーノ先生の推薦があったおかげで、ルドン先生は特別に私に目をかけてくれた。

レイモン・ルドンが三人の仲間とともにサン＝フォンにこの柔道クラブを設立したのは、私が通いはじめる数年前のことだ。三人の仲間とは、まずはサン＝ゴバン出身で、このクラブの会長を務めるジルベール・ラブリュヌ。ラブリュヌは毎日、柔道着姿で道場の入り口にある大きな木の机に座っていた。二人目はシルクメーカー、ローディアセタ社の幹部エミル・アルグ。彼は、ルドンといっしょにコルバにも柔道クラブを創立した。そのクラブでは、のちにフランス柔道の女子代表となったマガリ・バトンを育てることになる。そして、三人目のアンドレ・キレスはサン＝フォン市役所の電気工だったが、のちに柔道の国際審判になる人物だ。そして、彼らはその後、私のかけがえのないメンターとなった。レイモンは、この三人がいたからこそ、教えることに専念し、優秀な弟子を育て、日本にも二度訪れることができた。馬とともに驚くような裏投《うらなげ》をモチーフにしたクラブの紋章をデザインしたのも彼らだった。ここに描かれている柔道家は筋骨たくましく立派な体格をしている。中量級のレイモン・ルドン自身がモデルなのだ。彼と三人の仲間は何度も勝利を収め、すっかりリヨンの有名人だった。打たれ強いタフな選手たちという評判が立ち、そのイメージが道場の愛称である《ブーランズ・クラブ》〔仏語でBourrin（ブーラン）とは、巧妙さはないが力もちという意味である〕になったのである。

一九七五年一〇月二三日、ジャン＝リュック・ルージェがフランス人で初めて柔道の世界チャンピオンになった。オーストリアのウィーンでのことだ。決勝戦でルージェは、十分間にわたる緊迫した戦いの末に、日本の石橋道紀《いしばしみちのり》を破った。試合が終わったときにはへとへとだった。この日ルージェは、ポーランド人、ロシア人、そして決勝ではタフなイギリス人のデイヴィッド・スターブルックを退け、一日じゅう映画のヒーローのように戦った。テレビの柔道解説者といえばクリスティアン・キデがおなじみだが、この日も彼がマイクの前で熱心にコメントしていた。その日は、ウラジミール・ネフゾロフが強豪のソ連勢のなかでも一番強いことを証明し、藤猪省太《ふじいしょうぞう》がまたしてもみごとな技を見せ、フランスのジャン゠ポール・コシュが勇敢にもミドル級の表彰台に上がり、北朝鮮選手が初めて柔道の世界に名乗りをあげた。日本人選手は決して負けが許されないと言われているが——日本では負けると帯で打たれて寺に閉じ込められるという噂が流れていたが、もちろん嘘だ——、石橋はその後、二度と国際大会に姿を現すことはなかった。日本の有名選手のほとんどは、優勝しているからこそ名が知られているのだが、負けたことで有名になった選手が二人いる。一九六四年の東京オリンピックでオランダのアントン・ヘーシンク〔一九三四～二〇一〇年〕と対戦した神永昭夫《かみながあきお》〔一九三六～一九九三年〕と、この日、ジャン゠リュック・ルージェに敗退した石橋道紀だ。

一九七〇年代半ば、柔道の大会に「重ね帯」ルールが導入された。試合に臨む選手が黒帯の上にさらに白い帯を、また対戦者は赤い帯を付けるのだ。テレビの画面上で選手を見分けやすくするため、そして審判が判定時に白か赤の旗を挙げて一瞬でどちらが勝者かをわかるようにするためだ〔近年は、国際大会ではテレビ映像のため、一方の選手がブルーの柔道着を着る〕。白か赤かは試合の組分け表で割り振られたが、くじ引きで決められれることもあった。げんをかつぐルージェは赤帯を好んだが、残念ながら決勝では白帯だった。「白帯でも勝ちましたね！」試合を終えた彼にインタビュアーがそう声をかけると、彼は笑いながらこう答えたという「赤帯だったら、一本勝ちできたんだけどね」。

この一九七五年、私の人生にとって柔道は決定的なものになった。その冬、ローヌ選手権、リヨン選手権と楽々と勝ち進んだ私はフランス選手権の出場権を獲得する。柔道漬けの毎日となり、クラブの最強の選手として練習仲間、ライバル、重量級選手、軽量級選手、初心者、クラブのＯＧなどを相手に次から次へと乱取《らんどり》をした。形《かた》にこだわり、正しい形《かた》で一本勝ちすることを追求しつづけ、試合でも勝ち進むことができた。私はいつの間にか小さなスターになっていた。そう、よい柔道家になりつつあったのだ。

この年の五月九日から一一日まで、リヨンでヨーロッパ・シニア選手権が開かれた。そこにはフランスの代表選手全員の姿があった。私は、三日間毎日、会場となっているジェルランのスポーツセンターに通い、ヨーロッパじゅうから集まった選手やコーチを目の当たりにすることができた。ミュンヘン・オリンピックのメダリストで現在はフランス柔道の情報発信サイト『フランス・ジュウドウ』のコラムニスト、ジャン＝ジャック・ムニエもいた。彼は引退したばかりで、会場にいるすべての人と知り合いのようだった。当時の私は、できるだけ上を目指したいとやる気に満ちていて、大先輩たちと話をするのが好きだった。そしてとくに、当時の私の師、レイモン・ルドンが日本で修行をしたときの仲間、ピエール・ブランを尊敬していた。ブランは重量級にもかかわらず、信じられないような動きをする選手だ。ある日、私が大きな怪我をしていたとき、ブランから「早くよくなるといいな。ローヌのチームはおまえを頼りにしているからな」と声をかけられたことがある。その言葉にどれほど励まされただろう。その日の選手権の会場には、《ローヌ柔道クラブ》を率いていたロマン・パカリエ〔一九三四～二〇二〇年〕の姿もあった。このクラブはリヨンでもっとも大きな道場で、できるだけ多くのタイトルを手中に収めるために、リオネル・ヴァレット（彼の帯にはリオネルという刺繍が入っていた）、ディディエ・ボナルデル（絞技《しめわざ》が得意な自動車修理工場の経営者）、ジャン＝マルク・ジュベール（都心暮らしの二枚目）、レジス・ガラヴァルダン（赤毛の細身の選手）などを送り込んでいた。その一団からは、「ホーム」で負けてなるものかという意気込みが感じられた。午前中はリヨンの下水局で働いているミシェル・シャリエもいた（当時、下水局の職員たちの間で柔道が流行っていたらしい）。シャリエは、格闘家としての引退が近づきつつあったが、お決まりの練習相手であるリヨンのジェルラン地区出身のイタリア人、ルネ・ナザレとともに、当時誰もやっていなかった《講道館護身術》〔一九五六年に考案された柔道の形の一つ。他者から身を守るために柔道の二十一の技を選び、攻防の方法として組まれたもの〕という珍しい形《かた》の名手だった。ルル・ガルシア＝ヴェロは、サン＝フォン出身のロマで、私とはほとんど年が変わらないのに、私のことを「小僧」と呼んでいた。昼間は父親の店を手伝い、夕方になると道場にやってきてくたくたになるまで稽古をしていた。他にも地元の選手がたくさんいたが、このぐらいにしておこう。

引退した先輩たちは、あくまでオブザーバーとして会場にいたのだが、それでも、私たちの乱取《らんどり》を中断させ、柔道の精神について一家言を述べたり、一連の流れを説明したり、守りの体勢である自護体《じごたい》をとりすぎないようにとか、対戦するときは腕を伸ばしきらないようにといった注意をしてくれた。腕を伸ばしていると自分に力があるような錯覚を抱き、さまざまな技の可能性について考えられなくなってしまうからだ。そうした私の師たちに対しては、できるなら長い賛辞を捧げ、何ページもわたってフランス柔道を陰で支えてくれていたことについて書きたいぐらいだ。そうした先人たちへの思いは私のなかにずっとある。昔の映画人が残したもの、彼らについて忘れてはならないもの、彼らの歴史から学ぶもの……。そういったことに対する私のこだわりは、若い頃の柔道の先輩たちへの敬意から生まれたものなのである。

私はその日、パトリック・ヴィアル、ジャン＝ポール・コシュ、そしてフランス柔道界の大スターになりつつあるジャン＝リュック・ルージェといったチャンピオンたちを夢中で見ていた。ルージェは、九十三キロ級の決勝戦で結局は負けてしまうのだが（そして、この敗退があったからこそ、その数カ月後、ウィーンの世界選手権でルージェは勝つことができた）、その試合の直前、地下の廊下で私は彼を待ち伏せしていた。彼はいつも試合前に廊下で精神を集中させる。私はやってきた彼に果敢にも声をかけた。すると驚いたことに、私のような若造の質問にきちんと答えてくれたのだ。その誠実さは、のちに、映画監督ジョセフ・L・マンキーウィッツ〔アメリカ、一九〇九～一九九三年〕やクロード・ソーテ〔フランス、一九二四～二〇〇〇年〕がまだ若い私に接してくれたときに感じたものと同じだった。

一九七五年は、私にとって新しい先生との思い出の年でもある。ヴェニシューに引っ越したときに柔道をやめてしまうこともできただろうが、私にとって柔道はもはや一時的な趣味ではなかった。ヴェルディーノ先生が柔道家としての私の子ども時代の師だったとすれば、その後の柔道人生の師はレイモン・ルドンだ。

六月、レイモン（彼はすぐにファーストネームで呼ぶことを許してくれた）は、山合宿に参加しないかと言った。私の両親も合宿に行くことを承諾してくれた。中学卒業試験の年だったので、年度末に休みがあり、旅行に出ることができたからだ。当時の私にとって、外の世界といえば学校とスポーツだったが、スポーツは世界をより広げてくれることになった。その年は遅い雪が降り、残雪がたくさんあったが、自転車が走れるようにブルドーザーがガリビエ峠の雪を撤去し、ドーフィネの自転車レースも無事に終わっていた。

合宿地まではそのドーフィネを通り、ラ・グラーヴ、ロータレ山の峠をブリアンソンへ向かった。私にはなじみのあるところばかりだ。私たちの滞在先は、少し南下したアンブランにある古い石造りの家だった。レイモンに言われ、私たちはそれぞれ自分の柔道着を持っていったのだが、現地に着くとすぐに、どうやら合宿でやらされるのは柔道そのものではなさそうだぞとわかった。ハイキング、ランニング、おいしい食事、ふざけあい……。これぞ山の教育、文字どおり大自然での合宿だった。レイモン・ルドンの生い立ちを見ると、彼自身、将来、子どもたちの面倒を見ることになるなどとは思っていなかったにちがいない。レイモンは、一九四〇年にオートザルプ県で生まれた。両親はセール゠ポンソン湖を見下ろす小さな村、サン゠アンドレ゠ダンブルンで農業を営んでいた。レイモンは九人兄弟の長男で、勉強があまりできなかった。将来は、ポン゠ヌフ製粉工場のムーラン・セアールで粉挽き工になる運命だった。パルパイヨン山塊から、南の隣村に住んでいたジャン・ジオノ〔フランスの作家。一八九五～一九七〇年〕が「激しく、力強く、跳ね上がる水流」と形容しているデュランス川に流れ込む急流の水で石臼を動かす製粉所だ。レイモンは明け方に起床し、百キロの麦束を背負ってへとへとになるまで運びつづけた。彼の背骨には、いまでもその痕跡が残っている。やがて、激しい労苦をともなうこの毎日がいつまでも続くのだろうかと思いはじめた。周囲を見渡し、どこか別のところに行きたいと考えたのだ。そして、彼にとって、別のところとは柔道だった。十五歳のとき、そのがっしりとした体格と並外れた力が地元の有力者の目にとまったのが、柔道着を着るきっかけだったらしい。その地方で柔道の一人者といわれていたジェルヴェ＝コルミエのクラブに通うためには、家から十キロも歩かなければならなかった。当時、クラブの道場には本物の畳はなく、おがくずの上に防水シートが敷かれていたという。

柔道を始めてから二年後、レイモンの父は、その地で盛んに行われていたシャモア〔南欧などの高山に生息するレイヨウの一種〕狩りの最中に猟銃の弾に当たって死んでしまう。だが、神父も友人たちもレイモンに救いの手を差し伸べてはくれなかった。そこで彼は故郷を離れ、軍隊に入り、フランス海軍が誇る戦艦《リシュリュー》に乗ることになる。ブレストで自動車、オートバイ、実用車、トラクター、各種機械の運転免許に合格したレイモンは、カサブランカに赴任し、戦艦の艦長の運転手となった。そんななか、一九六〇年二月二九日、モロッコ南西部のアガディールで大地震が発生し、一万五千人の死者が出た。レイモンも救助活動に参加し、その活動で何度か表彰され、いくつものメダルを獲得する。その後、レジーヌという女性と出会ったことから、これまでとは別の生活があるのではないかと思うようになり、三年間の軍隊生活の後、レイモンはリヨン南部の郊外に移住した。

サン＝フォンでは牛乳配達の仕事に就き、毎朝、近隣の住人たちの家を回った。リヨン柔道界の伝説的人物であり「雄鶏《コック》」の異名をもつヴァレントの指導のもとに、ジェルラン柔道クラブで柔道を再開する。そして、一九六二年、袖釣込腰《そでつりこみごし》〔相手の釣り手を釣り上げて背負うように腰に乗せて前に投げる技〕の必殺技を駆使して、黒帯になった。

やがてレイモンは、市の職員としてそこそこの給料がもらえて公営住宅も支給され、何よりもっとも好きなスポーツの環境が整っているという理由から、スタジアムの警備員として働くことになる。そして一九六六年にサン＝フォン柔道クラブを設立し、一九六八年には柔道指導者養成学校から正式に指導者としての資格を授与された。私がこの柔道クラブに通いはじめたのは、一九七三年、引っ越してきた直後だった。そして、八〇年代には私もこのクラブの指導者となった。

合宿地に着いたレイモンは少しはしゃいでいた。自分が育てた将来有望な二人の弟子をいわば自分の縄張りに連れてきたのだ。合宿所として小さな家を借りた彼は、まるで故郷に帰った子どものような気分だったに違いない。レイモンは私たちにその家を見せると嬉々としてしゃべりつづけた。そこに置かれていたベッドは、私には軍隊のベッドより殺伐としたものに思えたが……。

合宿先の彼はまるで族長のような雰囲気を漂わせていたが、実際には三十五歳で私たちとは二十歳しか離れていなかった。到着するとすぐに、「きみたちは大事な柔道の選手だ、私には責任がある、きみたちの親は私を信頼して合宿に参加させたんだからな」などといかにも教育者然としたもっともらしいことを言いだしたが、それはすべて私たちを早く寝かせ、自分は夜の町に繰り出すためだとわかった。というのも、深夜になると、外から帰ってきた彼が大きな音を立てないように忍び足で歩く音で、よく目を覚ましたからだ。だが翌朝、レイモンは何事もなかったかのような顔をしている。誰よりも早く起き、私たちが起きだす頃には、すでに何人かの狩り仲間がレイモンに会いに来ているといった具合だった。彼の仲間たちは湯気の立つコーヒーを前に大声で話したり、手と指を使ったゲームをしたりしていた。野良着や青い工員服姿にびっくりするほどの赤ら顔、独特のアクセントで話す男たちがそこに加わる日もあった。レイモンは、そういう男たちとはおかしな方言を使い、ジョークやウィンクを交え、ティーンエイジャーの私たちにはわからない「大人の話」をしていた。

私はそんなレイモンの行動もまったく気にならず、彼のお気に入りの弟子だった。その陽気な雰囲気が大好きだったので、彼にはなんであれ思いつくままに話した。レイモンを喜ばせたかっただけでなく、ここことは別の渓谷育ちの私もまた《山の王者》であることを知ってもらいたかったのだ。レイモンと私の間には、そうやって絆ができていった。指導者との強い結びつきをもたずに強くなった柔道家はいないだろう。アスリートとしてのぼりつめた選手の陰には、必ずコーチの存在があるものだ。

当時の私がスポーツ以外でやっていたことといえば、読書だ。その合宿にも本を数冊持っていった。だが、本を開くことは一度もなかった。本を読むより、外にまだ残っている雪を触りに行くほうがよかったのだ。レイモンは毎日、ハム、パスタ、肉、ポテト、そしてケーキという盛りだくさんのアスリート・メニューを用意してくれた。もちろん、アルコールは一滴もなかった。「冬が長かったからキノコがたくさんあるはずだ。山林でのキノコ狩りは大腿四頭筋を鍛えてくれるから足腰が強くなるぞ！」彼はアスリートにとってのキノコ狩りの効能を並べ、私たちは山のなかを走りまわらされた。柔道はいったいどこに行ってしまったのだろう？　乱取《らんどり》も形《かた》も試合もすっかり忘れられている。夜はアナグマが家の周りを歩きまわる音を聞きながら眠りにつき、朝になると、遠出から一日のプログラムが始まるという具合だった。なかでも壮観だったのは、トゥーラシュ峠を越えて十字架が立っている場所に向かうコースだ。父親が亡くなったのはこのあたりだと彼が言うその場所に、十字架は立っていた。レイモンには特別な思いがあったのだろう。帰りは、急な下り坂を誰が一番先に駆け降りられるかというスリリングな競争をした。そして夜になると、私たちは何かを考える間もなく、ぐったりしたまま眠りに落ちた。

ある日、私はレイモンに、先生の世間とのかかわり方は風変わりだと言ったことがある（まだ十五歳だった私は実際にはそんな言い方をしたわけではないが、そういう意味のことを言ってみたのだ）。するとレイモンは「アルプスにいるからって世間知らずってわけじゃない！」と答えた。彼は私の両親と同い年でいつも両親の近況を聞かれたものだが、だからと言って彼自身が父親代わりというわけでも保護者代わりの叔父さんというわけでもなかった。私にとっては、むしろ友人であり、師匠だった。自慢の赤いBMW２００２に乗せて、私たちをあちこちに連れて行く。田舎でこんな車を乗りまわしていたらどう見えるか、言うまでもないだろう。レイモンはいつも無一文で借金まで抱えていたのに、まるで領主のように贅沢をしていた。自分が育った場所、シャモアが現れる場所、ワシが飛び立つ場所……。私たちにあちこちの峠やジグザグ道や山道を見せたがった。ときには突然、車を遊歩道の縁に停め、「あそこに鳥の巣がある。木に登って近づいてみよう」と言いだしたりする。彼は遊び、狩りをし、悪いことに密猟もした。夜になると、私たちに銃のコレクションを見せてくれる。そして、仕留めそこなった獲物についてもありのままを話してくれた。「人間には、生まれつきの猟師か、そうでないかの二種類しかいない」が彼の口癖だった。それで言うと、私は猟師ではなかった。父もそうではなかったし（彼に言わせると、猟師の血は遺伝するものらしい）、私はその後も猟師にはならなかった。それでも、猟の仕方についての熱心な語り口や彼にとっての真実とやらを聞いていると、いつの間にか、それはそれで認めるべきだという気持ちにはなった。とはいえ、狩りの話ばかりを聞きたかったわけではなかったので、少々うんざりした。それでも彼の話を聞きつづけたのは、私は昔から過去を悔やまない人間が好きだからだ。元喫煙者は、一度も吸ったことのない人よりもタバコに不寛容になりがちだ。元共産主義者は、背景にはいまだにその過去が残っているというのに、『インターナショナル』〔十九世紀のフランスでつくられた革命歌。その後、各国の労働歌、ソ連の旧国歌となった〕のたった一節すら聴きたがらなくなったりするものだ。だが、レイモンはそういうタイプではなかったのだ。

先に私は、自分が当時そこまで政治的ではなかったと書いたが、あの夏、合宿が始まった当初は、私の頭にも政治的な考えがよぎっていた。というのも、レイモンという人物もまた、スポーツについて先入観に満ちた決まり文句しか言わないような「保守反動」の輩《やから》の一人ではないかと心配したのだ。だが、まったくそんなことはなかった。彼は昔かたぎの人間で、田舎育ちに特有の謙遜心を備えていた。それには、粉挽き工になる運命だった彼を別の人生へと踏み出させた柔道が関係しているようだった。私たちが住んでいたのは、保守派のジスカール・デスタンからシラク〔第二十二代フランス大統領。一九三二〜二〇一九年〕に引き継がれた一連の政策と左翼の共通政策という右と左が隣り合っている南部の地域だったが、レイモンはそのどちらとも、ある程度の距離を保っているように見えた。私はレイモンのそういうところが好きだった。誰も軽蔑しないという度量の大きさは、指導者としての能力と決して矛盾するものではない。

こうして刺激に満ちた合宿生活も終わり、藪や草むらでのレースで擦りむいた膝を抱えながら、私たちはリヨンに戻った。一九七五年一二月二〇日、レイモンは私に茶帯を授けてくれた。レイモンと永遠の絆ができた気がした。実際に私は、彼の柔道クラブを去った後もサン＝アンドレ・ダンブランの例の十字架が立っている場所で彼によく会ったものだ。レイモンと話していて、どちらかが声を荒げたことは一度もない。そんなレイモンは、柔道の指導者を経て、非行少年を更生させる指導者となった。「昼間は仕事して夕方には刑務所に戻るんだが、いい子ばかりさ」。そして定年が近づき、柔道六段となったレイモンは、湖のほとりに大きな家を建てるべく借金をした。だが、しばらくするとその家を売却せざるをえなくなり、家庭菜園、狩猟、散歩にうってつけの、収入に見合ったより質素な家に引っ越した。「いつだって金《かね》に苦労してきたが、借金はもうないんだ」と彼は言う。すでに八十歳になったレイモンは落ち込むこともあるようだが、以前に比べるとずいぶんと楽になったように見える。ただし、彼の背中だけは昔と変わらない。その背中を見ると、私も彼と同じように、そして自分の父と同じように故郷に帰りたくなる。少し前、ブエノスアイレスから彼に電話したことがある——遠くにいるときほど、懐かしい人を思い出すものだ。そのとき、あの十字架のこと、合宿で巡礼のようにそこを訪ねていたこと、さらにはその後一度もレイモンが触れることはなかった父親の事件のことが頭をよぎった。私は、あまり気を使わずに率直に質問した。

「ところで、あの十字架を立てたのは誰だったんですか?」

「うちだよ、つまりルドン家だ。おやじはあそこで死んだ。それを忘れないためにね」

「事故はあそこで起きたんでしたっけ?」

「ああ、そうだ。十字架はできるだけ高いところに立てたくてね。あそこはよくおやじと狩りに行ったところだ。おれが一番上の子だったから、よく連れて行ってくれたんだ」

「で、どうしてあんな事故が?」

「狩猟事故ってやつさ。昔からよくあるだろ? それが起きたんだ、おれにもね」

「えっ?」

「いままで話さなかったが、別に秘密にしていたわけじゃない。おやじは、おれの銃弾に当たったんだよ。だから、おれは故郷を離れたんだ」

いや、彼はこれまで、あえて私にそのことを話さなかったのだろう。一九七五年当時、私はまだ子どもだった。私にはきっと理解できないだろうと思ったのだ。だいぶ昔の事件とはいえ、私は大きなショックを受けた。その話をする彼の声は、何十年も昔の事件というのにいまだに震えていた。

合宿が終わると、私は七月と八月をシューニュの祖母の家で過ごした。将来は田舎で獣医になりたいと思っていた。一九七五年の夏、私の子ども時代は終わりを告げた。新学期から、ヴェニシューのリセに通うことになった。そこで、生涯の友に出会うことになる。

第十七章　クラインの冒険

一九五四年に出版されたある本には、こう書かれている「受《うけ》は、通常は取《とり》の右腕をつかみ、左足で大きく前に一歩踏み出す。取《とり》は、通常は受《うけ》の右腕をつかみ、左足で大きく前に一歩踏み出し、右手で受《うけ》を自分のほうに引く。受《うけ》と取《とり》は円を描くように足を運ぶ」。つまり、つねに左足から出る。柔道家以外の読者にはこの説明だけではわからないかもしれないが、先を見てみよう。「取《とり》は、右脚を受《うけ》の両脚の間に通し、相手の左腿に自分の右腿を押し当てて相手を持ち上げ、投げる。受《うけ》は右側に倒れ、起き上がり、取《とり》のほうに向き直ると、取《とり》のところに戻り、通常は左腕をつかむ。取《とり》は自分の位置から動かない。受《うけ》と取《とり》は、先ほどと同じ動きを左腕をつかみながら行う」。そして、最後はこうなる「受《うけ》と取《とり》は互いに背を向けて柔道着の乱れを直しながら四メートル離れ、元の場所に戻っていく」。

おそらくこれは、代表的な投技《なげわざ》と思われる。そう、内股《うちまた》だ。「腿の内側からの投げ」ということになる。嘉納治五郎が考えだした技《わざ》のなかでもっともすばらしく、もっとも有名、かつもっとも謎めいた技だ。そして、この説明が思いがけない芸術家によって書かれたものだと知ったら、誰もが驚くに違いない。これは、かの有名な画家、イヴ・クライン〔一九二八〜一九六二年〕の著書『*Les Fondements du Judo*（柔道の基礎）』（未邦訳）の一部なのである。

画家としても造形作家としても知られているイヴ・クラインが柔道について書き残しているのはなぜだろう？　作家であってもスポーツを題材に作品を書くことは少ない。思いつくのは、ボクシングにまつわる著作があるジャック・ロンドン、イタリアの自転車レースを追ったノンフィクションで有名なディーノ・ブッツァーティ〔一九〇六〜一九七二年〕、自身もスポーツ選手だったアンリ・ド・モンテルラン〔一八九五〜一九七二年〕だ。さらにアメリカのジョン・アーヴィングはレスリングを、村上春樹はランニングをすることがよく知られている。だが、柔道をやっているという作家はまず聞かない。有名人でいえば、たとえばロシアの大統領ウラジミール・プーチン。だが、「プーチンの体さばき〔技をかけたり相手の技を防ぐために、身体の位置を変化させること〕は完璧だ」などと言われても、国際外交の比喩ととられるだけで、柔道家たちはあまり本気にしないだろう。

他のスポーツにおける有名な大使役がいるとしたら、柔道でそれに当たるのはイヴ・クラインではないだろうか。ただし、彼は国際柔道連盟からは認められていないので、非公式の大使である。クラインは、マルセル・デュシャン〔フランス、一八八七～一九六八年〕の後輩、アンディ・ウォーホル〔アメリカ、一九二八～一九六八年〕の先輩芸術家で、単色《モノクローム》のクリエイターである。短い人生のなかで柔道という武道をマスターし、その精神性を彼自身の「空」に送り込み、自ら「クライン・ブルー」という色をつくりだし、作品に取り入れた。長い間、埋もれていた著書『柔道の基礎』は未来のために書かれた過去のメモワールといえよう。クラインはこの本の表紙に著者として名前を記載するだけでなく、わざわざ自慢げに「イヴ・クライン、講道館四段」と記している。パリのアメリカンクラブで周りからけしかけられてボクシングをしたヘミングウェイ〔アメリカ、一八九九～一九六一年〕とは違い、イヴ・クラインは正真正銘の柔道家だったのだ。

　作家は書くことが仕事である。たとえそれがスポーツについてであってもだ。だが、画家がなぜ、柔道についての本を書くことになったのだろう？　センセーションを巻き起こす前衛的な芸術家として「非物質性」をテーマに作品をつくりつづけた彼は、「空虚にこそ、力がみなぎる！」と語った。それは、芸術とともに柔道に人生をかけていたからこその言葉なのかもしれない。

　クラインは一九二八年に海辺の街、ニースで生まれた。父も母も画家だった。彼もまた画家になるのだが、それはずいぶん先のことだ。一九四七年夏、警察のクラブで柔道を始める。自分の生涯が短いと知っていたわけではないが、生き急いでいたようにも見える。規律に縛られることが大嫌いだった彼にとって、礼儀作法の厳しいスポーツをすることになるとはまさに青天の霹靂《へきれき》だっただろう。一方で、二人の仲間と友情を育み、ニースの浜辺で三人は互いに「世界を分割する」ことを思いつく。その一人、アルマン・フェルナンデス〔フランスの芸術家。一九二八～二〇〇五年〕は大地を選び、クロード・パスカル〔フランスの作曲家。一九二一～二〇一七年〕は空気を、イヴ・クラインは空を選んだ。鳥もいなければ雲もない真っ青の空だ。ただ青いだけの空。クラインはこう言っている「雲一つない私の真っ青な空のあちこちを飛ぶ鳥には、憎しみすら抱くようになった。鳥たちは、私の作品のこれほどまでの美しさやすばらしさに穴を開けようとするからだ」（『チェルシーホテルの宣言』より。一九六一年、ニューヨーク）。

　二十歳のときに作曲した『Symphonie Monotone-Silence（交響曲　単音－沈黙）』という作品に見られるように、クラインは、無によって世界をとらえることを探求していった。一九六〇年に撮影された、曲と同じタイトルのパフォーマンスのビデオフィルムがある。「イヴ・クライン」の署名から始まるその動画ではまず、タキシードに蝶ネクタイ姿のクラインが右からフレームインし、自らがつくりだした「クライン・ブルー」を背景に立っている。そこに、オーケストラのリハーサルの音のようなものが聞こえてくる。クラインはリハーサルを手で止めさせ、その合図とともに十二人のミュージシャンが単音を奏ではじめる。クラインが音楽家たちに近づいていったかと思うと、弦楽器が鳴り響くなか、今度は部屋の反対側に向かう。そこでは、三人のヌードの女性が身体じゅうに青いペンキを塗りたくっている。三人は人間絵筆のように、大きな紙を敷きつめた床の上を転げまわりながら、足や腕、お尻や胸でキャンバスに青い色をつけていく……。今日では女性の身体の搾取とみなされるだろう。当時も保守的な人たちや美的観点からの抗議はあったようだ。この前代未聞のパフォーマンスは、クラインが一九四〇年代に着想したもので、一九六〇年代にようやく実現したという。

クラインのこうした作品を見るにつけ、彼について書かれているものを読むにつけ、彼の人生がさらに知りたくなった。一九五〇年から五一年にかけて、クラインは柔道で茶帯となり、アジアに行くことを決意、日本語を習いはじめる。そして一九五二年八月、《マルセイエーズ号》に乗り込んだ。横浜港に着くまでには、嘉納治五郎の旅に劣らず、ポート・サイド、ジブチ、コロンボ、シンガポール、サイゴン、マニラ、香港といったたくさんの港を経由した。

日本での経験は驚くことばかりだった。柔道着をかついでまさしく一からやり直しの毎日が続く。軽率寒稽古の厳しさと極端な孤独感があいまって、クラインはどんどんラディカルになっていく。

だと思われることも恐れず、彼は『柔道の基礎』の序文にこう書いている「扉の鍵を探すことに時間を無駄にし、今度は鍵穴が見つからないと冷静さを欠いて探しまわるぐらいなら、扉を突き破ったほうがはるかにいいと思っていた」。だが、講道館通いが彼をそれまでとは違う人物に変えた。「日本に来てから半年間、知的で賢明な形稽古《かたげいこ》をしながらも、ただ力任せに戦っていた。だがある日、それではまったく駄目だとわかったのだ」

一九五三年にクラインが東京で撮影した動画がある。タイトルは『日本における柔道シーン』。最初に「小谷・八段の指導による外国人柔道家、クライン・二段・フランス、パーマー・三段・イギリスの乱取り」と書かれたボール紙が映し出される〔小谷は当時八段であった小谷澄之（一九〇三～一九九一年）、パーマーは一九五一年に来日したチャールズ・パーマー（一九三〇～二〇〇一年）のことだと思われる〕。このあとクラインは、のちに十段まで昇りつめるイギリス人相手に次々と投《なげ》を行っている。第二部は「三船久蔵・十段、白井清一・八段による基本的な五つの形」。一分十一秒のこの貴重な映像はクラインの重要な転機となった日本滞在の証である。そして、彼はまた、以前の自分の発言を撤回するためにこのように書き記している「私の周りには数えきれないぐらいたくさんの鍵があり、どれもとても役に立ちそうに見え、実際よけいな力をいれなくても、それらの鍵を使えばすぐに扉は開くとわかった」（『柔道の基礎』）。

そのたくさんの「鍵」のなかには、「講道館の先生の一人が、微笑みながら私に差し出してくれた鍵」

もあった。クラインが一から学び直している「形《かた》」という鍵だ。先の章で私は柔道の形《かた》がどのように誕生したか、またその意義などについて説明してきた。嘉納治五郎は、形《かた》が必要とする技術を完璧にマスターして乱取《らんどり》や試合に生かしてこそ一人前の柔道家になれると考えた。イヴ・クラインが柔道のそうした原則にいかにこだわっていたかは、彼の著書が柔道の教科書的な内容であることからもわかるだろう。投《なげ》の形《かた》はもちろんのこと、極《きめ》の形《かた》、固《かため》の形《かた》、さらには柔《じゅう》の形《かた》についても詳しく書かれている。柔《じゅう》の形《かた》は、長年「女性の形《かた》」とみなされてきたが、もっとも純粋でもっとも難しい形《かた》で、嘉納治五郎が好んだ形《かた》の一つでもある。

柔道の技を体系的にまとめた形《かた》の段取り、決められた形稽古《かたげいこ》の手順、反復の原則、柔道の礼儀作法の美しさ……、それらすべてが、のちのクラインのインスタレーションになんらかのかかわりをもっているといえるだろう。彼にとって、日本はアートの土台をつくった国であり、柔道が作品に大きな影響を与えた。柔道で行った実演が、アートの実演《デモンストレーション》につながっていくのだ。一九六〇年に制作した写真作品『空虚への跳躍』のために、クラインはフォントネ＝オ＝ローズの自宅の塀から実際に何度も跳んでみせた〔『空虚への跳躍』はクライン本人が宙空にダイブしている瞬間をとらえた写真〕。日本で学んだ節度と大胆さが融合した、まさに「クラインのパフォーマンス」だ。彼はこう言っている「空間を描くためには、私自身が空間に飛び込むしかない」。柔道のための日本滞在と造形作家としての彼の作品とがつながって、こうした演出が生まれたのだろう。柔道では何度も倒れて立ち上がり、自分の作品では何度も落下を繰り返したのだ。

彼は、精神と身体の統合という、ずっと求めつづけていたものを日本で見つけた。クラインの日本滞在は一生忘れられないものとなった。ちなみに今日、東京には彼の名を冠した《クラインブルー》というカフェがある。


一九五三年一二月、クラインは日本をあとにし、一九五四年二月初めにマルセイユに降り立った。二十五歳だった。だが、フランスの柔道連盟は彼の日本での資格を認めなかった。そこでクラインはスペインに行って柔道を教えながら、マドリードで柔道の本を書き、ギャラリーで展覧会を開く。だが人間関係に苦労し、結局はフランスに戻って本を書き終え、その年の十二月にグラッセ社から『柔道の基礎』が刊行された。

ある資料によると、同じ月、「クラインはブリュッセルで行われた柔道のヨーロッパ選手権に出場できなかったので、観客として会場にいた」と書かれている。「出場できなかった」とはどういう意味なのか、本当のところはわからない。単にフランス代表に選ばれなかったという意味なのか？　彼の柔道の腕前は実際どうだったのか？　少し検証してみよう。形稽古《かたげいこ》を見るかぎり、クラインはとても優れた柔道家である。そもそも日本の年長の師たちが誰からかまわず外国人を歓迎するはずがない。クライン自身も、日本の指導者たちに認められ、「講道館柔道四段」を授かったと言っている。技術的な面では彼は非の打ちどころのない柔道家である。右組《みぎぐみ》の払腰《はらいごし》や左組《ひだりぐみ》諸手《もろて》背負投《せおいなげ》を軽々とやってのける姿が映像にも残っている。そこに映っている四人の柔道家のなかで、クラインの姿勢がもっとも美しい。

一九五六年五月号の『サイエンス・エ・ヴィ（科学と生活）』では、フランス柔道の特集が組まれたことから、クラインの写真が表紙を飾った。だがそのことだけで、さらには実演を成功させたとか、あるいは一本勝ちでトーナメントを勝ち上がったといった事実だけでは、傑出した選手とはいえないだろう。ある程度の柔道家ならそれぐらい一度や二度経験したことがあるからだ。だが、選手権大会で優勝するとなると、まったく次元が違う。歴史家のイヴ・カドーは、イヴ・クラインの「講道館柔道四段」の証拠はまったく存在しないとも言っている。あの時代の柔道のチャンピオンたちはよく知られている。たとえば、クラインより二歳年下のアンリ・クルティヌは、フランス選手権やヨーロッパ選手権でタイトルを独り占めしていた。だが、クラインはそうではない。彼自身がそれを選択したのか、そうせざるをえなかったのか、あるいはそこまでの力がなかったのか、稽古が足りなかったのか……。いずれにしても、彼は選手権大会への路線には乗っていなかった。「柔道のチャンピオン」ではなかったのだ。

イヴ・クラインの歴史的な存在価値は、柔道とは別のところにある。それは決して小さいものではない。彼は嘉納治五郎のようなパイオニアとしての才能をもっていた。ただしそれは、柔道においてではなく、現代アートにおいてだ。クラインの最大の功績は、ウルトラマリンと呼ばれる青色の化学顔料と合成樹脂とアルコール溶剤を混ぜ合わせてＩＫＢ（International Klein Blue の略）と呼ばれる彼自身の色をつくりあげたことだろう。微妙な単一性をもつこの絵画素材の謎は誰も解き明かすことができず、一九六〇年五月一九日には特許登録もなされた。顔料の美しさにこだわり、アーティストとしての自信に満ちあふれていた彼は、その三年前に千一個の風船を空に放つ『気体彫刻』というパフォーマンスも行っている。一九六二年一月、《ラ・クーポール》〔パリ14区のモンパルナスにあるブラッスリー〕でドイツ出身のアーティストのロトラウト・ユッカーとの結婚式の際には、招待客全員が青いカクテルを飲まなければならないという演出も行った。

結婚した当初は幸福に満たされていたクラインだが、数カ月で妻と別れることになる。人間は死が近づくとより濃密な毎日を送ると言われているが、クラインの場合はそういうわけではなさそうだ。クラインはよもや、自分がすぐに死ぬとは思っていなかったからだ。一般には、その直後のカンヌ国際映画祭で癒しがたい心の傷を負ったことが死を早めたと言われている。というのも、『世界残酷物語』〔イタリア、一九六二年。ドキュメンタリーと銘打っていたが、かなりフィクションが練り込まれた〕という作品のためにパフォーマンスの模様を撮影したいと言われたクラインは、それを許可した。『世界残酷物語』はカンヌ映画祭のコンペティション部門にノミネートされるのだが、その上映に際して、この作品のプロデューサーであるパオロ・カヴァラ〔一九二六〜一九八二年〕と監督のグルティエロ・ヤコペッティ〔一九一九〜二〇一一年〕が揶揄した口調でクラインのアートを「ゴミ芸術」と評したのだ。その場にいたクラインは激怒した。そして自分のおめでたさを恥じ、自分は尊敬されていないのだと自己嫌悪に陥る。その夜、クラインは心臓発作を起こした。一命をとりとめ、三日後パリに戻ると体調は回復、ジャン・ティンゲリー〔スイスの現代美術家。一九二五〜一九九一年〕、セザール・バルダッチーニ〔フランスの彫刻家、現代美術家。一九二一〜一九九八年〕、アルマン、ニキ・ド・サン・ファル〔フランスの画家、彫刻家、造形作家、映像作家。一九三〇〜二〇〇二年〕らと参加したグループ展を訪れる。だが、疲れはてた彼はこう語ったという「世界最大のアトリエに入るつもりだ。だが、そこでは非物質性作品しかつくらないだろう」。そして一九六二年六月六日十八時、イヴ・クラインは心臓発作で死亡した。

クラインのことは、フランス映画祭で訪れたフィレンツェで、展覧会のポスターになった柔道着姿の写真を見るまでまったく知らなかった。クラインが柔道家であると知ってとても驚いた。そういうインテリ芸術家がいるとは思っていなかったのだ。調べてみると、美術界では彼が柔道家であることはほとんど知られていないようだった。私の周りの柔道家たちの間でもイヴ・クラインの名前が出たことはない。そして今日もなお、柔道国際連盟のサイトに彼の名前はない。講道館の昔のショートフィルムのなかでクラインの寒稽古の相手をしていたチャールズ・パーマーは、長い間、連盟のさまざまな機関を仕切っている。だとすれば、連盟が（子ども用の）青帯と選手用の青い柔道着をクライン・ブルーにすることを発案してもいいのではないだろうか。

二〇〇四年に国立現代アート美術館の依頼でイヴ・クラインについて語ったアニエス・ヴァルダ〔ベルギー出身の映画監督。一九二八〜二〇一九年〕の言葉で、この章を締めくくろうと思う。「女性を絵筆がわり」にしたクラインの絵画『人体測定』について、率直なヴァルダは「文明ができるはるか昔、洞窟時代の風習を復活させる」プロジェクトだと形容し、イヴ・クラインによって、絵画は再び人間の身体を使う自然な行為に立ちもどったとも言っている。彼が自身で名づけた《イヴ・ル・モノクローム》、つまり彼の単色は、世界のステージから逸脱するものではなく、むしろ抗しがたい存在感を残した。一九六一年、彼はこう書いている「私は確信をもっている。悪趣味のエッセンスのなかには、伝統的に『傑作』と呼ばれるものをはるかに超えたところに位置する、すばらしいものをつくりだすに足る力があるということに」。絵の具を使ったときにシンナーをしょっちゅう吸っていたことと、激しい乱取《らんどり》にも耐えられる身体をもっていたこととは関係があるのだろうか？　それは誰にもわからない。ヴァルダはこうも言っている「柔道家として見るか、造形作家として見るかによって、彼への見方はまったく変わってくるでしょう。誰も彼のことを十分にはわかっていないことだけは確かです」。柔道家がポンピドゥー・センターでクラインの作品を見たら、彼のことを、若い武道家を受け入れてくれたアートという銀河に存在する、手の届かない彗星とみなし、彼が成し遂げたものに感動するだろう。柔道家ではない人々は――そのほうがはるかに多いが――、クラインという人物をつくりあげた柔道についてもっと知りたいと思うかもしれない。私は、柔道連盟の新年の《鏡開き》でイヴ・クラインの話をするつもりだ。自分が若い頃に目指していた段位にたどり着けなかったことを後悔するとき、「私はイヴ・クラインと同じ四段なのだ」と考えることで慰められるという話をしようと思っている。

第十八章
黒帯

柔道の稽古の日はいつも他の日とは違っていたが、その日はいつにもまして特別だった。数日前、ジル・オルネスとともに黒帯の最初の段位である初段に合格し、その日、黒帯を受け取ることになったからだ。一九七七年の冬。凍えるような寒さが続いていた。稽古のあとの帰り道、静まりかえった夜の冷気はもはやなじみの感覚だった。選手権はすでに始まり、私は順調にいくつかの大会で優勝し、サン＝フォン柔道クラブにも通っていた。その日、道場では打込《うちこみ》、受身《うけみ》、乱取《らんどり》の激しい稽古が二時間行われた。稽古の終わり頃、道場にたくさんの人が入ってきた。弟子たちが輪になって稽古の終わりの礼をすると、ルドン先生はジルと私を畳の中央に呼び、正座させた。まるで大聖堂のような静寂のなか、先生は二人に茶色の帯を外すように言った。私は身につけていた茶帯を床に滑らせた。二度目の渡日をして天理大学の寒稽古から帰ってきたばかりのルドン先生が、私とジルに黒帯を授けてくれた。先生は、私たちのような弟子をもったことを誇りに思うと述べ、この道場でこれまで黒帯になった先輩たちについても触れた。それから、おもむろに黒帯が手渡された。真っ黒なその帯の片面には私の名前が、反対の面には「講道館柔道」という黄色い文字が刺繍されていた。新品の帯はまだごわごわしていて、完璧な結び目をつくるのは難しい。私はたくさんの人が見守るなか黒帯を結んだが、両端が上を向いてしまった。そのとき、この黒帯を早く本当の意味で自分のものにしたい、熟練した柔道家の印として早く使いこんだ帯にしたいと思った。そう、キース・リチャーズのフェンダーのギターのように。

帯はその選手の柔道の技量を示すためだけでなく、柔道着の一部として欠かせないものでもある。帯がなければ、柔道着の胸の部分、ひいては柔道着全体がはだけてしまうからだ。私にとって黒帯は、幅、厚み、縫製など、どこをとっても真の芸術品に見え、それをつけただけで自分が太陽のように輝く気がした。段位を手に入れるためには、審査官の前で投《なげ》の形《かた》を行うことで技能を示すとともに、試合をして柔道家としての資質も証明しなければならない。初段をとるのに必要なのは、手技《てわざ》、腰技《わざ》、足技《あしわざ》の三つの技だ。それぞれ三本の投《なげ》の形《かた》がある。著名な柔道家ばかりからなる審査官たちに、投《なげ》の形《かた》と戦う力を披露してジャッジしてもらう。審査官たちは、博物館の警備員よろしくじっと動かず、だが顔つきは険しいままに、投技《なげわざ》をしている選手たちを見つめる。ルドン先生は、将来の稽古相手として私を見込んだのか、「これをマスターしておけば、いずれ受ける昇段試験も苦労しないですむ」と言いながら、だいぶ前から私に投《なげ》の形《かた》を教えてくれていた。おかげで私は、農夫の息子が小さいときからトウモロコシ畑でトラクターやトラックを運転するかのように、早くから主要な三種類の投《なげ》の形《かた》を覚えることができた。

昇段のための二つ目の審査は、戦う適性を見るものだ。黒帯とは、すでにその選手が試合に出場していることを意味するからだ。一勝を一点、引き分けを〇・五点とし、三点以上をとると合格となる。つまり、五試合をして三勝すれば、初段となることができる。はったりや策略は通用しない。柵も囲いもない場所でのなんでもありの乱闘みたいなもので、実力だけがものを言う。昇段審査の朝はまだ、自分は柔道の初心者に毛の生えた程度だとしか思えなかったのに、二時間の審査が終わる正午近くに柔道家の永遠の証となる黒帯を手にすると、自分がまったく別人になった気がした。

ルドン先生は黒帯をつけた私を抱擁してくれた。十六歳だった私は、道場の天井の上に未来が開けている気がした。帰り道、空がいまだかつてなく広く感じられ、マンゲットの家にたどりついたときには雷雨になっていた。そのとき、私は立派な柔道家になろうと決心した。

柔道を教わっていたときも、その後、柔道を教える立場になってからも、私は授与式というものが大好きだった。それは畳の上の祝典であり儀式でもある。柔道時代のそういった経験からか、映画界に移ってからもパルム・ドール、アカデミー賞、セザール賞、リュミエール賞などの授与式が私の仕事を生き生きとしたものにしてくれている。さらに自分が直接関係していないサン・セバスティアン国際映画祭や、ゴールデングローブ賞の一つ、セシル・B・デミル賞〔エンターテインメント界に長年貢献をした人物への生涯功労賞〕の授賞式に出席したときには、映画ファンの一人として大興奮する。セシル・B・デミル賞といえば、二〇〇七年にウォーレン・ベイティが受賞したときに、プレゼンターだったトム・ハンクスが、ベイティのプレイボーイぶりをからかい、会場にいる女性たちに向かって「彼と関係のあった人は指を挙げてください」と言って笑わせた。そのエピソードは、いまだに忘れがたいジョークだ。賛辞、トロフィー、感謝の言葉……。そういった授賞式のようすを馬鹿にする者もいるが、はたして本音はどうなのだろう？　というのも、それまで賞を毛嫌いしていた映画人に限って、年をとってから受賞すると目に涙を浮かべているからだ。ウォーレン・ベイティもそうだった。とくに、柔道では授与式は何よりも大事なものである。ところが、受賞した柔道家は男性も女性も戸惑い、居心地が悪そうで、称賛されただけで固まってしまう。栄誉ある六段になった選手でさえ、授与式では突然ぎこちなくなり、その緊張ぶりがまた、見ている者に大きな感動を与える。

黒帯とは、本物の柔道家を見きわめるためのもっともよく知られた印である。汗と才能と実績がなければ獲得できず、そこに嘘はない。幸運にも受賞できたなどと言われがちだが、実際には運や偶然では絶対に手に入らないノーベル文学賞みたいなものだ。柔道を始めると、誰もが黒帯を夢に見る。いったん手に入れたら、柔道着の上だけでなく、心のなかでも生涯、黒帯をつけることができる。そして、黒帯になったとたん自分が違う人間になった気がする。道を歩くときでさえ、それまでより顔を上げているに違いない。そういう変化は周りからは気づかれないかもしれないが、本人のなかにはこれまでになかった何かが確実に存在し、自分は黒帯だという自覚が生まれる。私も、黒帯を授けられたその晩は世界じゅうの人がそれを知っているような気がしたが、実のところ周りの人たちにはどうでもいいことのようだった。とはいえ、黒帯は、柔道着を持つ者にとっては具現化すべき目標であり、柔道の初心者の前でさえそのことを口に出す必要もないほど明らかな到達点、いわば「聖杯」である。それはまた、不安に満ちた修行時代を乗り越えて少しずつ頂《いただき》に近づいていくしかない、秘密の渓谷をいくつも持つ山でもある。柔道では何度も何度もこう言われる「稽古しつづけろ。とくに、自分が目標に到達したと思ったときこそ、稽古を続けなければならない」。日本では、こうした精神こそが美徳と考えられる。

一九七七年一月二九日、私は黒帯になり、その後、何年間かでさらに昇段した。昇段するたびにお祝いしたわけではない。試合に出ていれば、昇段はある程度予想できることだからだ。その頃の私の目標は四段になることだった。師のレイモン・ルドンも、ヴェニシューに引っ越してからは疎遠になってしまったヴェルディーノ先生も四段だった。いまここに、柔道家としての身分証明書ともいえる、連盟から授与された昇段証書がある。一九七九年三月二五日、私は二段になった。その後、思いのほか時間がかかり、三段になったのは一九八五年四月二六日。本当はもっと早く三段になれたはずなのに、何が起こったのか？　その頃、私は十字靭帯断裂という怪我をしたのだ。そこで勉学に励み、歴史地理学士となり、その後、修士課程も修了した。怪我のあと、柔道を諦めかけていた。だが、三段になってからすぐに四段をとった。一九八七年一〇月二六日のことだ。そのときのことをよく覚えている。すでに三十歳近かったが、遅ればせながら柔道家としての人生を取りもどしたいと思ったのだ。私は、リヨンでの一回の審査で五十点をとり、一気に四段になった。一年後の一九八八年一〇月一五日には、五段に昇段するためにすでに二十点を獲得していた。私は再びリズムを取りもどしていた。五段は試合に勝つことで取得できる最高の段であり、早く五段になりたかった。私は努力に努力を重ね、いつでも激戦を交える準備ができていた。すでに柔道を教えていて弟子もいたので、彼らをあっと言わせなければならなかった。形《かた》もすべて覚えていた。若い柔道家にとって、形《かた》は儀式の段取りのようなものだ。三十歳になるまでには五段になるつもりだった。実際にそうなっていたら、おそらく今日、戦いの場を離れることがなかった勇敢な仲間たちと同じように、私も七段になっていたに違いない。だが、私は別の大きな世界に足を踏み入れてしまった。独身で、相変わらずマンゲットに住んでいたが、映画通《シネフィル》としての毎日が始まりつつあった。その結果、五段を諦めざるをえなくなった。歴史学の博士論文も仕上げたかったが、結局、オーソン・ウェルズやセルゲイ・エイゼンシュテイン〔旧ソ連の映画監督、一八九八〜一九四八年〕のせいで博士課程も途中でやめてしまったのだ。

第十九章
姿三四郎

子ども時代から思春期に移行するにつれ、私の毎日の中心は柔道から映画へと移っていった。私の活動範囲は、マンゲットからリヨン・プレスキルに変わっていく。長い間、リヨンという大都市で私が知っていたのは、柔道クラブばかりだった。人間は他者とかかわって初めて進歩する。だから先生は、私をあちこちの道場に連れて行ってくれた。そこで稽古し、新たな友情を育んだ。友情がライバル心にとって代わることもあった。他の道場に行って初めて自分の力を思い知ったり、相手とにらみ合ったり、戦ったり……。なかでも、隣町のサン゠プリエストの道場が私たちに挑んできたときには、それまでになく警戒をした。その道場にはパトリック・ノランという全国レベルの実力をもつ花形選手がいたからだ。ノランは、激しい恐怖心を抱かせるほど強かっただけでなく、思いがけない技をもつ柔道の天才だった。

柔道をやめてから、私は映画を通じてリヨンの街を知ることになる。満員の十二番系統のバスに乗り、たくさんの停留所に止まりながら延々に行くと、ベルクール広場に着く。映画を見に行くときはいつも仲間といっしょだったが、なんの映画を見るかでもめたことはない。クロワ＝ルースの坂を闊歩し、映画館《カニュ》に行くこともあれば、ブロトー地区の映画館《アストリア》に行くこともあった。あるいはヴィルールバンヌに出れば、別の映画館《ファンタジオ》があった。幼い頃、父とここで『さいはての用心棒』〔ジョルジオ・フェローニ監督、イタリア・スペイン・フランス、一九六六年〕を見たことがある。主人公の盲目のカーボーイのことも、座席が木でできていたことも鮮明に覚えている。だが、その映画館はある日、たった一日でとりこわされ、忽然と消えてしまった。

その後、私は仲間の誰よりも映画にのめりこみ、未知のジャンルの作品や海外作品、さらには、ヌーヴェルヴァーグ〔一九五〇年代末から約十年間続いたフランスにおける映画の革新運動〕や六〇年代のインデペンデント系の作品にも触手を伸ばした。そしてある日、『姿三四郎』〔一九四三年〕という、謎めいたタイトル〔フランスでのタイトルは La Légende du grand judo（偉大な柔道家の伝説）〕の黒澤明監督作品が存在することを知った。テレビで『七人の侍』を見たことがあったので、黒澤の名は知っていた。私が大好きなポール・ニューマンの伝記で、マーティン・リット監督〔一九一四〜一九九〇年〕の『暴行』〔アメリカ、一九六四年〕が実は黒澤の『羅生門』〔一九五〇年〕を西洋風にアレンジした作品であると読んだこともあった。『姿三四郎』で再び黒澤に出会ったのだ。マカロニ・ウエスタン好きの私はさらに、セルジオ・レオーネ〔一九二九〜一九八九年〕監督の『荒野の用心棒』〔イタリア、一九六四年〕も、黒澤が『羅生門』や『七人の侍』で一躍スターになった三船敏郎〔一九二〇〜一九九七年〕を起用して制作した『用心棒』〔一九六一年〕の隠れたリメイクであることを知った。そして、リヨンの映画館《パテ・ベルクール》では、イギリスのテレンス・ヤング監督の『レッド・サン』〔フランス・イタリア・スペイン・アメリカ、一九七一年〕でアラン・ドロン、チャールズ・ブロンソン〔一九二一〜二〇〇三年〕、ウルスラ・アンドレスとともに熱演する三船敏郎に再会した。その後、『酔いどれ天使』〔一九四八年〕、『野良犬』〔一九四九年〕、さらにはクロード・ベリ〔フランスの映画監督。一九三四〜二〇〇九年〕やジャン＝フランソワ・ダヴィ〔フランスの映画プロデューサー、監督〕のコレクションのなかで黒澤の作品をいくつかＶＨＳ版で見ることになる。こうして私は黒澤に夢中になり、その名前はいつのまにか私にとって親しみのあるものになった。マーティン・スコセッシはこう言っている「俳優の話ではなく監督の話をしだしたら、そいつは映画通《シネフィル》だね」。

日本の巨匠が、国の象徴ともいえるスポーツである柔道の黎明期を題材にした映画を制作したのは、スペインのペドロ・アルモドバル監督がフラメンコのルーツを撮り、イギリスのデイヴィッド・リーン監督〔一九〇八〜一九九一年〕がサッカーの誕生を題材にしたのと少し似ている。嘉納治五郎を映画館で見ることができる。こんな夢のような話があるだろうか？　リュミエール兄弟と、リヨンの映画好きの若者である私との出会いは運命づけられたもので、自分は幸運にも選ばれし者なのだとずっと思ってきた。同じように、長い間、自分はフランスの誰よりも『姿三四郎』を評価するという宿命をもっているのだと信じこんだ。

『姿三四郎』はフランスでは上映されていないので、いっそう謎に包まれていた。それでも、ストーリーも、俳優も、日本でのオリジナルのタイトルが『姿三四郎』だということも、すべてが私の頭のなかに入っていた。一度も見たことがないにもかかわらず、誰よりもこの作品のことを自信満々に話していたのだ。

もちろん、なんとかしてこの目で見たくてしかたなかった。すると驚くことに、一九八〇年一月、リヨン・ペラーシュの小さい実験的な芸術ホール《シネマトグラフ》〔かつてリヨンの2区にあった映画館。一九八五年に閉館〕で『姿三四郎』が上映されることになったのだ。リセ時代からの映画仲間、リュック・マテューといそいそと見に行った。すると、館内はなんと二人だけだった。私は特別な鑑賞者として『姿三四郎』に選ばれし者なのだという思いがいっそう強くなった。

この上映のおかげで私は、おそらくこの映画は自分一人しか見ていないと吹聴し、周りは誰も知らないこの作品のもつ魅力について大げさに語った（それはまた、映画好き《シネフィル》によくみられる語り口でもある）。

だが、実際には『姿三四郎』にはそういった過大評価はまったく必要ない。これは、才能にあふれてはいるが扱いにくい弟子を育てる師の話である。師の名は矢野《やの》正五郎《しょうごろう》といい、弟子の名は姿三四郎。注意深い者なら、矢野のモデルは嘉納治五郎であり、三四郎は嘉納治五郎の有名な弟子、西郷四郎のことだとわかるだろう。私が西郷四郎の名前を最初に知ったのは、一九六九年、柔道家のクロード・フラデが創刊した『フランス・ジュウドウ』誌の記事でだった。そこでは、西郷四郎が、まるで隠れキリシタンについて描いているような叙情的な文章で紹介されていた。だが、彼の人生が映画化されるなどと、いったい誰が想像できただろう。西郷は、柔道の先史時代において、誰もその域に到達することができない嘉納治五郎という偉人に続く、もっとも強い柔道家である。一流の映画監督でもあったルイ・リュミエールに続く、シネマトグラフの最初期のもっとも才能ある技術者の一人、マリウス・セスティエ〔フランスの撮影監督。一九六一〜一九二八年〕と比較することができるかもしれない。西郷四郎は「山嵐《やまあらし》」という雄弁な呼び名をもつ危険な投技《なげわざ》を編みだしている。

『姿三四郎』は、尊大で野卑な青年、西郷が師に教えられた、自己を超越することの美しさを受け入れるに至る物語でもある。若者の修行、奥義伝授《イニシエーション》、そして変貌《メタモルフォーゼ》について描かれた、映画界の巨匠の監督処女作である。この作品を撮影しはじめた一九四二年、黒澤は三十二歳で、助監督と脚本家としてのキャリアを終えつつあった。のちに黒澤はこう言っている「演出家になりたかったら、まずは台本を書くことだ」。ビリー・ワイルダー〔アメリカの映画監督、脚本家。一九〇六〜二〇〇二年〕も、ハリウッドのプロデューサーたちについて、手厳しく似たような発言をしている「シナリオを書けとまでは言わないが、せめてきちんと読んでほしい」。では監督業はどうか。黒澤はまた、一九八六年のBBCのインタビューに対して、『姿三四郎』を制作した当時を振り返って毅然とこう言っている「若かったから足りない部分もあるが、若さには若さのよさがあり、それでいいと思う」。経験よりも大胆さを重視するのは、まさに映画監督にとって必要な資質だろう。

一九四二年、黒澤は、富田常雄〔一九〇四～一九六七年〕という名の作家——本書の第七章でも触れた、二十世紀初頭に嘉納治五郎の弟子だった富田常次郎の息子である——の小説の広告を新聞で見た。ひと目で魅了された黒澤はすぐに、映画化権を獲得してもらおうと東宝のスタジオに急いだ。のちの黒澤作品ではしばしば脚本家を起用するようになるが（とりわけ、橋本忍〔一九一八～二〇一八年〕が黒澤作品を多く手がけている。橋本は、小林正樹〔一九一六～一九九六年〕監督の『切腹』〔一九六二年〕をはじめ、他の監督の作品の脚本家としても知られ、二〇一八年に百歳で亡くなった）、『姿三四郎』の脚本は自身で一気に書きあげた。講道館を守り抜く嘉納治五郎の姿、伝統を重んじる柔道の誕生、偉大なる先駆者の孤独と若者の無分別。約束の代償と行動への後悔……。そういったすべてが、時代に合致した視覚的次元のなかで描かれている。

東宝に雇われた黒澤は、自分の実力を証明しなければならないと知っていた。『姿三四郎』の物語自体はとても日本的だったが、戦時中の公開前審査で「米英的すぎる」と検閲官に批判された。最終的には公開の許可が下りたが、その後、黒澤の預かり知らぬところでフィルムが何箇所もカットされたため、黒澤は激高した。だが、『東京物語』〔一九五三年〕の監督、小津安二郎が『姿三四郎』を称えたことは知っておくべきだろう。黒澤は一九五〇年の『羅生門』で映画監督としての名声を確固たるものにしたが、初の監督作品である『姿三四郎』は間違いなく傑作であり、このときすでに黒澤は本物の映画監督であることを証明していたといえる。

このような映画を知ることができたのは僥倖《ぎょうこう》だった。その頃、私はベルトラン・タヴェルニエ〔フランスの映画監督、脚本家。一九四一〜二〇二一年〕と知り合ったが、彼が知らない傑作を見つけるのは難しいと言われていた。そんな彼でさえ『姿三四郎』は知らなかった。そして、タヴェルニエがこの作品の存在に気づいて驚いたとしても、黒澤がいかに偉大な映画人だとはいえ、初監督作品ということで映画作品一覧《フィルモグラフィー》ではたった一行しか紹介しなかったかもしれない。一作目からこんなにも強烈な作品をつくることができるとは誰にも予想できなかったに違いない。この作品には、意外な展開と静寂、アクション、沈黙……といった「黒澤スタイル」がすでに随所に見られる。そもそも、黒澤の初期の作品にはすでに、彼のその後のモチーフが見え隠れしている。世代間の軋轢、古典的で素朴で衝撃的な演出。

個人個人の運命に歴史が重なり、日常からの逸脱とともに人間とは何かについての考察が始まる。さらには、造形美に支えられたモノクロの表現主義ともいえる写真へのこだわり。サイレント映画への思い入れをもつ黒澤は、二つのワイドな画角の映像の間にフレーミングされた顔のアップをインサートしながら、空間、時間、モンタージュについて無限のセンスを見せてくる。

偉大な映画監督はみな、若さについて語ることから始めるものだ。姿三四郎は、反抗してばかりいる若者の典型である。一番大事な戦いでは頭が真っ白になってしまい、失敗から学ぶことになる。現在でも、柔道の源となる精神に則って柔道を行おうとする者は三四郎にどこか似ているだろう。

スポーツを題材にした映画作品には必ずといっていいほど、主人公の「転換期」が描かれる。この作品では、それは講道館の最強の選手となった姿三四郎と、「鬼」と呼ばれている柔道家との対決のシーンだ。対決前、三四郎が師匠に叱責され、反発して道場の脇にある冷たい池に自ら入る場面がある。精神を清めた三四郎は、そのときようやく師の教えについて悟る。のちに挑んだ試合で、小柄ながらも隙のない三四郎は敵を怖がることはなかった。大男の敵に押し倒されそうになりながらも、見る者の予想を覆し、スピードで上回る弱者が強者に勝つ。それは野蛮さに対する知性の勝利であり、残忍さに対する熟慮の勝利でもある。嘉納治五郎はまさしく、それこそを教えとし、正しい生き方と考え、講道館柔道をつくりあげたのだ。

柔道はこういった精神性によって、すべての点において柔術に勝るスポーツになった。黒澤のこの作品は、そのことを繰り返し教えてくれる。黒澤はディテールを大切にする芸術家として、動き、礼儀作法、組手《くみて》争い、足運び、戦う者のスタイル、道場の内部などを完璧に描き出す。夜の漆黒を幾重にも重ね、闇のなかにシルエットを描き出す。「嘉納」は、これから弟子になる三四郎が固唾を飲んで見守るなか何人もの敵を倒し、三四郎はといえば、一つひとつが生死をかけた戦いだということを学ぶ。

『姿三四郎』はあくまでフィクションだが、『レイジング・ブル』〔マーティン・スコセッシ監督、アメリカ、一九八〇年〕が単なるボクシング映画ではないのと同じように、単なる柔道映画ではない。たとえば、街でもっとも恐ろしい敵の柔道家と対決しなければならないだけでなく、恋人の父親とも戦わなければならないという究極のジレンマが主人公を襲う。また、「悪役」に対するまなざしは思いやりを帯びている。黒澤はつねに「ジョン・フォードを見習っている」と発言していたが、『姿三四郎』の一年前に公開されたラオール・ウォルシュ監督〔一八八七〜一九八〇年〕の『鉄腕ジム』〔アメリカ、一九四二年〕のなかのエロール・フリン〔一九〇九〜一九五九年〕とワード・ボンド〔一九〇三〜一九六〇年〕の最後のシーンを参考にしたのかもしれない。真相はわからないが、そうでないなら、この符合はいっそう興味深い。いずれの作品でも、ようやくルールがつくられ、一般化されたばかりの崇高な格闘技の黎明期における敵への尊敬の念を描いており、最後には主人公と宿敵が勝敗に関係なく和解するという胸を打つシーンがある。

『姿三四郎』は公開されると大成功を収め、東宝は続編の製作を黒澤に依頼する。二年後、東京でもっとも影響力をもつ映画プロデューサーたちに認められたこの若き映画監督は、政府からの依頼で戦意高揚映画『一番美しく』〔一九四四年〕を制作したのちに続編『續姿三四郎』〔一九四五年〕を手がける。ただし、『續姿三四郎』では、当初の柔術との戦いを空手やボクシングとの戦いにまで広げているものの、オリジナル作品と比して目新しいものはなく、黒澤自身も大して傑作ではないと認めている。

黒澤自身が編集したあとにGHQによってカットされた十二分間分が一九九〇年代にロシアから戻って来たものの、六分間の映像は永遠に消えてしまっていることもあり、戦後、日本の映画館でも『姿三四郎』はほとんど上映されていない。この『姿三四郎』をはじめ黒澤の若い頃の作品の多くは、その後の映画史の傑作の波に押されて忘却の彼方となっている。

一九九〇年代、日本映画をこよなく愛する、ジャン゠ピエール・ジャクソン――リュミエール研究所でよく出くわすフランスの映画プロデューサー・脚本家・俳優だが、映画の配給も手がけている――が、映画通の数人しかそのありかを知らないといわれている、『姿三四郎』の35ミリのハイクオリティコピーを買い付けた。おかげで、またこの作品を見ることができるようになった。一九九三年、カンヌ国際映画祭で、黒澤の最後の作品『まあだだよ』〔一九九三年〕が上映され、彼を近くで見ることができた。その夜がおそらく黒澤が世界の舞台に姿を現わす最後の機会になるのだろうと思うと胸が締めつけられた。そのとき、私は時代を遡って彼の作品の研究をしようと決意したのだ。ここ数年は、『生きる』〔一九五二年〕、『隠し砦の三悪人』〔一九五八年〕、『天国と地獄』〔一九六三年〕といった傑作から、『我が青春に悔なし』〔一九四六年〕、『素晴らしき日曜日』〔一九四七年〕、『虎の尾を踏む男達』〔一九四五年〕といったヨーロッパ未公開の作品までをも見ることができるようになった。日本では、黒澤作品のほぼすべてのリマスター版が出ているという。だが、「ほぼすべて」だ。というのも、『姿三四郎』の完全版はまだないからだ。まさしく、『姿三四郎』は呪われている。だが、あの黒澤明は間違いなく、柔道の傑作映画を製作したのだ。

第二十章
戦う

柔道にまつわる記憶をあれこれたどりながら、柔道家としての人生がいかに恐怖と結びついているかについては、まだ十分に語っていなかった。仲間の前で打込《うちこみ》をするときの恐怖、師の判定を待つときの恐怖、形《かた》を間違いなく実演できるだろうかという恐怖、観客の前で敵と対峙することへの恐怖、負けることとの恐怖、勝つことの恐怖、そして恐怖心を抱くことへの恐怖。たくさんの幼い柔道家たちが、早くから敗北を味わったり、家族に背中を押されて人目を引こうとするチャンピオンの残忍さに打ちのめされたり、毎週土曜の午後になると畳に上がることが悪夢になるという強迫観念に襲われたりして、柔道着を捨てた。両手で頭を抱え、青ざめた悲痛な面持ちで呆然としたまま崩れ落ちる子どもたちをどれだけ見てきたことだろう。あまりに小さいときから試合に出場すると、一生立ち直れなくなることもある。

敗北には必ず学ぶべきことがあるものだが、そもそも怖気づいたことなどないと言える者はいないだろう。もっとも勇猛な格闘家であっても内心はびくびくである。テディ・リネール〔二〇〇七年に世界選手権においてて男子で史上最年少の世界王者となったフランスの柔道家〕でさえ、そこからは逃れられない。二〇二〇年、百五十四連勝した後に負けを喫した彼は、次の試合に臨むときには真っ先に前回の試合で負けたことが頭によぎったに違いない。

だからこそ、試合の意味を理解し、結果にこだわりすぎずに前進することが大事なのだ。スポーツにおいても、芸術においても、人生においても、結果に振りまわされるのはパフォーマンスの質と成功を混同していることにほかならない。いまの時代には、なおさらそぐわないだろう。それはまた、ゴールが大事なのか、その過程が大事なのかという形而上学的な問いでもある。試合とは、選手の性格や意志や力が支配する、日常とは別の次元のものであり、そこでは自分の弱点や臆病さや足りないところが暴き出されるとともに、世界における自らの存在価値や勇敢さや大胆さが問われる。現実世界の敵意に直面するとともに、自らの脆さを実感できる機会でもある。

ある日の午後、四つの試合に臨んだことがある。どの試合も不安でしかたなかったが、未知の経験をさせてくれた。私は、他の選手と同じようにうわべは毅然としていたものの、大会が行われる期間に味わう恐怖心を痛いほど感じていた。だが、その日の試合の経験は役に立った。その後は敗北が怖くなくなり、負けたからといってくよくよしなくなったからだ。敗北は必ずしも苦い味がするわけではない。むしろ安堵感を与えてくれることもあり、忘れること、そして控えめになることに向けての一歩でもある。敗北したときのことを思い出してみると、たいていはそのとき、自分が冷静ではなく粗暴な気持ちになっている。自分には衝動的な残忍さがあることや、力の正しい使い方、さらに負けたときにいかに哀れな気持ちになるかについても、負けて初めてわかることだ。畳の上ではひたすら孤独でごまかしなど通用せず、若さゆえの尊大さも一掃されてしまう。

私はたくさんの試合をしてきた。毎年九月になると稽古が再開され、一〇月は試合の季節となる。連盟の大会は一月に行われるので、クリスマスが近づくとさらに集中して稽古にいそしむ。クリスマスパーティーもなければ、祖母の手づくりの七面鳥料理やスイーツもお預けだ。柔道は体重別に戦うスポーツである。選手は、ファッションショーの出演を控えたモデルのように、シーズンの半分は体重計にのって一喜一憂する。そして、できるだけ節食しようとする。だが結局は、食べるのを我慢した末にいきなりがつがつと食べてしまい、自分の姿を見て落ち込むことになる。その繰り返しだ。節制を持続できなければ、体形が行きつ戻りつするつらさから逃れられない。

ところで、クラブの稽古だけでは各選手が実際にどれぐらいの力をもっているのかを判断するのは難しい。手の内をなかなか見せない選手もいるからだ。だが、試合となるとがらっと変わる。稽古ではとても強い仲間が、試合になったとたんに脱落することもある。大した柔道家ではないと思われていた選手が、勝つことへの執着心の強さから、試合ではとんでもなく獰猛になることもある。ふだんは穏やかでみんなを笑わせている選手が、試合になると恐るべき技と思いがけない闘志を見せることもある。

私は、試合が好きであると同時に嫌いだった。将来有望な選手として、コーチや乱取《らんどり》の仲間たちからいつも賞賛の言葉をかけてもらっていたが、家族はそんな私を自慢の種にはしなかった。両親は自分たちのやりたいことを追求していたので、私の柔道にはあまり目を向けようとしなかった。実際、父は私の試合にはめったに来なかった。それでも、父が来てくれた試合はすべて勝った。私自身も、試合のときに観覧席から自分の子どもに大声で声援や指示を送り、まるで子どもで代理戦争をしているような親であってほしかったわけではない。ある日、私がみごとな勝利を収めたとき、父は私にこう言った「学校で自慢するなよ、わかったな?」。その言葉に驚いた。というのも、私は学校で柔道の自慢をしたことなどなかったし、私をそういう子どもに育てたのは父自身だからだ。だが、親といえども子どものことをすべて知っているわけではない。だから、父のそういう言葉はむしろありがたかった。

私にとって、地元の試合を勝ち上がるのはたやすいことだったが、「パリの全国大会」となるとまったくようすが違った。少年時代のフランス大会での敗北は、その後何度も思い出すトラウマの一つとなった。勝利を夢想し、稽古に励み、準備万端と信じて試合に臨んだが、こてんぱんにやられてしまう。リヨン選手権で私が他の選手に経験させていたことを、フランス選手権では私自身が経験したのだ。それまでは気づかなかったが、私には何かが足りなかった。だから敗北も当然だった。広い世界を知らないままに、自分が無敵だと信じ込んでいただけだ。地元ではたしかにそうだったが、ホームであるジェルラン・スポーツセンターから遠く離れたパリではそうはいかない。パリのクーベルタン・スタジアムに着いたとたん、私は力を発揮できなかった。そのことを受け入れなければならなかった。才能だけでは足りないのだ。私は柔道のテクニックも精神も自分のものにしていた。だが、筋肉トレーニングや適切な稽古が十分でなく、身体ができていなかった。そのうえ、映画という他の夢を見始めていたので、柔道への執着心もそこまで強くなかったのだろう。映画の世界で仕事をするようになってからも、気後れする状況に出くわすことがある（カンヌ映画祭の仕事を始めて二年目にビリー・ワイルダーを讃えるためにマーティン・スコセッシをエスコートしなければならなかったときには、柔道の全国大学大会よりドキドキしたものだ）。そんなとき、小さい頃から全国レベルの柔道ができていれば、自分には別の未来があったのかもしれないと思う。だが、そうはならなかった。

「心配するな。リヨンの選手はみんなそうだ」レイモン・ルドンはそう言って私を慰めてくれた。たしかに、リヨンで大活躍しているサッカー選手がフランス代表になる機会を逃すこともある。私も地元ではどの年齢カテゴリーでも負け知らずだった。私を打ち負かすのは難しいと言われていたほどだ。だが、リヨンから離れるとたちまち、試合が苦行となった。映画界に入り、ジル・ジャコブ〔フランスの映画評論家、エッセイスト。二〇〇一年から二〇一四年までカンヌ国際映画祭の会長を務めた〕にカンヌの仕事をしないかと声をかけられたときにも同じような気持ちになったのを思い出す。私は長い間、プルミエ・フィルム通り〔著者が拠点とするリュミエール研究所のあるリヨンの通り〕から離れる決意がつかず、結局、リュミエール研究所とかけもちしたまま、カンヌ映画祭の仕事を引き受けることになったのだ。

当時は、地元が世界のほぼすべてだったので、私はリヨンで王者になればいいと思っていた。フランス代表やクーベルタン・スタジアムという全国レベルの活躍の場と同じぐらい、地元の仲間、地元のクラブ、そして地元の新聞が大事だった。ある意味、リヨンで勝とうが、東京やパリで勝とうが、あまり変わりがなかったのだ。柔道仲間もみんなそう感じていたに違いない。試合はあくまで一時的なものであり、柔道を教えること、選手を育成すること、連盟の仕事をすることに、より関心が向いていたからだ。そして、レイモン・ルドンもその方向に背中を押してくれた。レイモンは、観覧席から「手を挙げろ、腕を守れ、右足に気をつけるんだ！」などと大声で叱りつけるタイプのコーチではない。多くを語らないが、指導にはそれで十分だった。クリント・イーストウッドが俳優たちに「私がきみたちを選んだのだから、好きなように演じてくれればいい」と言って細かく指示しないのと同じだ。そのうえ、レイモンは、人生のよい面だけを見て悲しみを乗り越えようとする楽天家だった。彼は競馬が大好きだった。「昔、馬を三頭飼っていたから、そのせいだな」などと言っていたが、実際は賭け事が好きなだけだろう。ある大会の決勝戦の直前、一時間以上も彼に放っておかれたこともある。突然、姿が見えなくなったと思ったら、試合開始の十分前にようやく戻ってきて、嬉しそうに言った「馬で二千フラン勝ったぞ、次はおまえが勝つ番だ!」。私はその試合に勝ち、ルドンはさらに大喜びだった。もちろん、もっとまっとうな指導をしてくれることもあった。

指導者の立場で柔道を続けることができると悟らせてくれたのも、ルドンだった。彼はこんな言葉で私を安心させてくれたこともある「俺は勉強するチャンスがなかったが、おまえにはそれがあるんだから大切にしろ」。私は当時、なんとか学業と柔道のバランスをとっていた。学校で柔道のことを考え、柔道をやっているときも学校のことは忘れないようにして両立させていた。こうした二重生活には利点もあった。一方に疲れてしまったとき、もう一方が救いになったのだ。そこに映画が入ってきて、その後、生活のなかで映画がどんどん幅を利かせるようになっていく。私はまた、政治的な環境で育ったことで、道場の他の仲間からは少し特別視されていた。ある日、デモに参加していた父が逮捕されたことがある。事情聴取をした憲兵は、《クロワ＝ルース柔道クラブ》の責任者の一人でもあった。彼は、父親が警察官に連行されたのを見て、恥ずかしさ半分、誇らしさ半分といった私の心情を察し、私に対してとても紳士的に思いやりをもって接してくれた。畳の上では恐ろしい存在の稽古相手たちも、私が学業を続けていることをとてもいいことだと思ってくれていた。

マコンのＣＲＥＰＳ〔スポーツ資源・専門技術・競技力向上センター。フランスの総合スポーツ育成機関〕で合宿をしたときのことだ。夕食後に、柔道仲間たちとテレビを見た。すると、フランソワ・トリュフォー監督の『恋のエチュード』〔フランス、一九七一年〕が放映された。仲間たちは、俳優たちがおかしなイントネーションで語り合うロマンティックな映画にはほとんど興味がないようで、さっさと部屋に戻っていった。気がつけば、私はたった一人で、ジャン＝ピエール・レオ演じる主人公と二人の女の子をじっと見ていた。その作品にすっかり魅了されたのだ。映画が私の人生となることは、その頃からすでにわかっていたのかもしれない。

第二十一章
幻のオリンピック

嘉納治五郎を映し出した最後の映像と思われる動画がある。フィルムの劣化が原因の線や傷が入ったモノクロの数分の動画だ。いまや、私たちは映画のフィルムが汚れていたりぼやけていたりすると、その背後にある芸術的な輝きを見ることもできなくなってしまうといわんばかりに汚れを取り除き、モノクロをカラーにし、サイレント映像に音声を入れるが、その映像にはそういったデジタル加工はいっさいされていない。インターネットが登場するはるか昔の嘉納治五郎のショートフィルムが残っていたとは驚きである。こんなふうに過去のものが残されていたなら、ボブ・ディランのレアなレコードを求めてグリニッジ・ヴィレッジの店を次々と歩きまわらなければならなかったり、彼のアルバム『ブートレッグ・シリーズ』〔一九九一年リリース〕をどう分類したらいいかわからないなんてこともなかっただろう。

そのフィルムのなかの嘉納治五郎は、道場の畳の縁に立ち、実演をするところだ。まずは浮腰《うきごし》。相手を引き寄せ、相手を背負うことなく自分の腰の周りに滑らせるようにして決める投《なげ》である。柔道着ではなく黒い着物に袴をつけた嘉納の足運びは自然なだけでなく、計算され尽くされている。彼がいかに優れた柔道家であるかがわかるだろう。嘉納は腕でしっかりと相手を右に左に流れるように動かし、効果的な引きで相手を崩すことの大切さを強調する。自然体《しぜんたい》、自護体《じごたい》、体さばきといった姿勢をとり、継足《つぎあし》という足さばきを見せる。

そして、場面は切り替わる。またもや、うまくフレーミングされた美しい安定した映像だ。そこでは、より厳かな背景のなか、嘉納が一八八七年にすでに考えついていたとされる十《じゅう》の形《かた》の実演が見られる。とても小柄だがテクニックに長けた彼は、自分がどれだけの力をもっているかをよく知っているように見える。弟子とともに東京の永昌寺界隈にいた頃、つまり彼の若い頃にはまだ動画など存在していなかった。それにもかかわらず――リュミエールのシネマトグラフが日本に渡るのは十年後だ――、写真とこの傷だらけの動画によって、柔道という近代的スポーツの父である嘉納の顔を私たちはいつまでも見ることができる。この動画は、嘉納一派が水道橋に拠点を置いていた一九三四年、講道館の五十周年記念の式典のために撮影されたものである。このとき、嘉納は七十四歳。その四年後に帰らぬ人となった。

彼は半世紀近くも柔道の発展に努めた。当初は知られざる存在だった柔道は、その後どんどん広まった。日本の各地に講道館の支部が開設され、どの道場にもたくさんの弟子が集まった。どこか宗教的ともいえる彼の柔道は、スポーツとしてだけでなく精神的な奥行きをもっていた。一九一一年、嘉納は、正式に資格のある指導員が柔道を教えるべきだと考えた。それまでは、講道館の柔道家たちが自主的に、他の道場で、あるいは自らの道場で訪ねてきた者たちにそのノウハウを教えていたのだ。講道館柔道は日本でも海外でも爆発的に広まっていき——先の章で触れたようにフランスに柔道を広めたのは川石酒造之助《かわいしみきのすけ》だった——、多くの柔道家が柔道着を名刺代わりにして海を渡った。たとえば、一九〇五年、前田光世《まえだみつよ》〔講道館黎明期の柔道家。ブラジルに帰化した。一八七八～一九四一年〕はアメリカにいた富田常次郎とともにニューヨーク州ウェストポイントで当時のアメリカ大統領セオドア・ルーズベルト〔一八五八～一九一九年〕の前で実演をし、その後、ブラジルに渡って柔道を教えた。第一次世界大戦が勃発する前に、柔道は世界じゅうに広まっていったのだ。嘉納は、将来の日本はその歴史が始まって以来初めて、世界の文化の発展に貢献できるだけでなく、自らの威光を世界的に輝かせることができるようになる、と考えた。そこで中心的な役割を果たすのは、柔道を学んだ者たちなのだ。

嘉納はいつまでも、柔道を教えたいという気持ちをもちつづけた。柔道は総合的な芸術であるとみなしていたからだ。大学を卒業した彼は、明治時代の日本にとって教育こそが国家発展の鍵であると考え、教師の道を選ぶ。そして賢明にも、伝統に背くことを学び、権力の輪のなかにいながらも事なかれ主義を批判した。たとえば、東京の華族たちが子弟を通わせる《学習院》を率いる愛国主義の将軍、三浦梧楼《みうらごろう》〔陸軍軍人、政治家。一八四七～一九二六年〕に反抗し、そのエリート主義的教育理念に異を唱えた。当時、そうは見られていなかったが、嘉納は単なる理論家ではなく現実をしっかりと見据えていた。およそ七千人の中国人の弟子を引き受け、早い段階から実力主義を取り入れることで日本の教育制度の改革にも努めた。嘉納はたくさんのことを書き残しているが、一般には寡黙な人物だと思われている。そして、嘉納には粘り強さがあった。柔道の支技《ささえわざ》を得意とする彼が、五教という柔道理念を洗練させて確立させたことはその一つの例だろう。時代の嵐が吹き荒れていたが、嘉納は翻弄されずに我が道を進んでいく。そして、つねに他者への献身と生きる幸せを優先させ、結婚し、五人の娘と三人の息子をもつことで、より生き生きとした人生を送っていく。自分がつくりだした柔道という芸術のために人生をかけてそれを広めていきながら……。そんな運命を自分で選びとり、それがかたちをなしていくのを自らの目で確かめる。そんなことができる人物が他にいるだろうか？

一九二二年、嘉納は上院議員となり、公の場で論戦を張る身となり、自らが創刊した雑誌に執筆し、柔道と世界についてさらに考えようとした。自他共栄やこの時代における柔道の役割といったテーマで執筆した記事は広く読まれた。近代的で明敏な頭脳の持ち主である彼は、柔道を日本と中国の格闘技の歴史と結びつけることで、その未来を確固たるものにしていった。

嘉納にとって、「万人のための教育」は単なるスローガンではない。ここでいう「万人」には女性も含まれていたからだ。一九二三年一一月、嘉納は講道館に女性部門を開いた。それは過去への回帰でもあった。というのも、一八九三年のある日、嘉納の最初の弟子、富田常次郎が女性の仲間、芦屋《あしや》スエ子とともに講道館にやってきたことがあった。その女性を嘉納は受け入れたという。一九〇四年、嘉納は、新たに弟子入りしたいとやってきた女性、安田謹子を自ら個人的に指導することにした。当時、女性がスポーツをするなど考えられず、国も女性に男性と同じ権利を与えなかったにもかかわらず、嘉納はこのように女性にも柔道を教えた。ちなみに、柔道で女性の試合が登場したのは第二次世界大戦後だが、嘉納が生きていたらもっと早く女性の試合が誕生していたかもしれない。一九三三年一月、別の女性パイオニア、小崎甲子《こさきかつこ》が黒帯を授与される。講道館には、やがて数百人の女性が所属するようになっていく。

講道館には技《わざ》、形《かた》、乱取《らんどり》とすべてがそろっていたが、試合だけはまだ行われていなかった。当然のことながら、実際に柔道の試合をすることが必要になっていく。当初は、試合といえば道場のなかで行われるだけだったが、この国で誰がもっとも強い選手なのかを決めるべきだという声が上がっていく。そこで審判のルールが設けられ、道場を離れて、体育館で行われるトーナメントが誕生した。

一九三〇年、日本で最初の選手権大会が開かれる。それは、柔道にとって大きな出来事であったと同時に本質的な問題を投げかけた。すなわち、勝つことを優先するのか、柔道の精神を優先するのかという問題だ。しかし結局、柔道には両方が重要だということになった。体重別にせずに体格のいい選手も小柄な選手もいっしょに戦い、もっとも強い選手が勝者となる——勝つのは必ずしももっとも重い選手というわけではなかった。実際に、中量級の岡野功は全日本選手権で優勝している。全日本選手権は、山でいうところのエレベスト、テニスでいえばウィンブルドン決勝戦、さらにはオリンピックでいえば百メートル走に匹敵した。

一九〇九年、嘉納はアジア人で初めて国際オリンピック委員会の一員となる。そこには、柔道、教育に続く彼の第三の夢、オリンピックのへ参加計画があった。嘉納は、他の国ではどんなことが行われているのかを研究した。フランスでは、ピエール・ド・クーベルタン〔国際オリンピック委員会第二代会長。一八六三～一九三七年〕のように、彼と同じ世代のアンリ・デグランジュ〔パリ出身の自転車競技選手、ジャーナリスト。一八六五～一九四〇年〕が二十世紀初頭にツール・ド・フランスという自転車競技を誕生させ、アメリカではずいぶん前から野球の試合が盛んであり、またフランス人、ジュール・リメ〔元国際サッカー連盟会長。一八七三～一九五六年〕が髭を生やした英国紳士を尻目に国際サッカー連盟（FIFA）の実現に奔走し、それがワールドカップの開催につながっていく。一九一一年、嘉納治五郎は大日本体育協会〔オリンピック参加を念頭において創立された〕をつくり、その初代会長となる。一年後、彼はオリンピック・ストックホルム大会に赴いた。一九一五年には、自らが校長を務める東京高等師範学校に「体育科」を創設。一九二二年には、エネルギーの使い方や感情と力のコントロールについて、「精力善用」という理論をまとめた。自分のエネルギーを完璧にコントロールし、相手の力と意図をうまく使って適切なタイミングで正しい動きをするという理論である。これぞ柔道の極意の一つといえよう。

一九二〇年六月、嘉納はベルギーのアントワープで行われたオリンピックに足を運ぶが、一九二四年のパリ大会には行かなかった。だが、そのあとの一九二八年のアムステルダム大会には多くの日本人選手を連れていき、日本は二つの金メダルを獲得する。嘉納はその後、ジュネーブで開かれた国際連盟の会合に出席、国際的なスポーツ外交の輪に加わっていく。柔道によって「ソフトパワー」を発揮したのだ。一九三二年、ロサンゼルス大会では、日本代表選手とともに開会式で行進した。そして、一九四〇年の大会の主催国に日本が立候補することを伝えるという使命を担う。一九三六年、ベルリンがまさにオリンピックを開催しようとしていたとき、国際オリンピック委員会は、一九四〇年のオリンピックの夏季大会を東京で、冬季大会を札幌で行うことを決定する。嘉納にとっては個人的な勝利だった。

だが、よく知られているように、実際に日本でオリンピックが行われたのは戦後二十年経ってからだった。そこには、戦争というデリケートな問題が絡んでいる。歴史によって神格化され、私を含む彼の信奉者によって神聖化された嘉納は、二十世紀の最初の三十年近くを堂々と駆け抜けた。では、一九三〇年代はどうだったのか？　東京における軍の権力奪取、一九三一年の満州事変、一九三三年の日本の国際連盟脱退、さらには一九三七年のナチス・ドイツとムッソリーニのイタリアとの日独伊防共協定という流れは、民族間の武力衝突、帝国主義の征服、さらには野蛮な戦争につながっていく。国家にとっては暗い政治的背景に包まれ、公人にとっては紆余曲折した動きをとらざるをえない時代だった。一九三三年、嘉納はヒットラーと面会したと言われているが、その証拠はどこにもない。それが本当だったとしても、政府の要人としての公式な面会だったと思われる。ベルリン・オリンピックのときに撮影された世界の代表団の集合写真では、前列にドイツの高官が、後ろのほうにとても小柄な嘉納が写っている。ヒットラーはスポーツに無関心で、泳ぐこともできなければ、車の運転もできなかったといわれている。軍人としてはさらに不幸なことに、馬にもうまく乗れなかった。著書『我が闘争』のなかでも、スポーツに関する記述はたった二行だけだが、書かれているのはボクシングと柔術についてだ。だが、そこからも、ナチス・ドイツにはたくさんの柔術クラブが存在していたことがわかる。ヒットラーはスポーツ部門を、フェンシングの名手だったラインハルト・ハイドリヒ〔ナチス・ドイツの高官。一九〇四～一九四二年〕に任せっきりだった。ベルリン・オリンピック（ワイマール共和国時代の一九三一年にドイツでの開催が決まった）を受け継いだときにも、ヒットラーいわく「ユダヤ人とフリーメイソンが考えだしたもの」に耳を傾けようともしなかった。その後、スポーツがプロパガンダの道具になると気づいたゲッベルス〔ドイツの政治家。一八九七～一九四五年〕に説得され、ヒットラーは考えを変える。

嘉納治五郎について、二十一世紀の偽善的な傍観者として歴史を振り返るある現代人は、現代特有の勝ち誇ったような拙速さで嘉納を過小評価し、糾弾し、すべてを一緒くたにしてこんなふうに評している「十九世紀の日本に生まれた嘉納治五郎は帝国主義の『民主独裁体制』のなかで育った。そして、教育、規律、自己統制を中心に置くことで、二十世紀初頭に支配階層のものであった理想的スポーツを発展させた。嘉納は二つの大戦間を無傷のまま駆け抜けた。それこそが問題なのである」。こういう記述は、嘉納を、あの時代の最悪な犯罪の共犯者でもある卑劣な保守主義者に仕立てあげるのに十分であろう。

だが私は、柔道をつくりあげた人物はまったく反対の立場にあったと考えている。それは、私が子ども時代に思い描いていた理想像を彼に当てはめようとしているだけなのだろうか？　いや、決してそうではない。たしかにあの時代の人たちの政治的足跡については慎重に分析しなければならないとしても、私は以下の説を支持したい。「教師も貧しい人たちも学生も守りながら、嘉納治五郎は弱者が強者を圧倒できる普遍的なスポーツをつくりだした。集団的な教育体制を確立しようと試み、イギリスのジョン・スチュアート・ミル〔政治哲学者、経済思想家。一八〇六～一八七三年〕の普遍的な――そしてフェミニストとしての――思想を、さらにはオクターヴ・グレアー〔フランスの教育者。一八二八～一九〇四年〕の考えを支持し、『政教分離の擁護者であり、ドレフュス派〔フランスで大尉だったユダヤ人のアルフレド・ドレフュスがスパイ容疑で逮捕された冤罪事件、ドレフュス事件に端を発して人権と共和制を擁護しようとした人々〕のフリーメイソンである共和主義者のフランス人』といわれる哲学者、フェルディナン・ビュイソン〔一八四一～一九三二年〕とも親交があった。人間中心主義の詩人であり、社会改革者であり、インドに柔道を輸入したラビンドラナート・タゴール〔一八六一～一九四一年〕とも書簡を交わしていた。嘉納は、実際に会ったり交流したりすることからなる現実的な普遍主義を標榜し、自らがつくりあげたスポーツが帝国の権力に奪い取られることを拒否し、一九三〇年代の軍国主義に反対したのである」

ここでさらに念を押そう。嘉納治五郎は個人的な希望から出発し、たくさんの人を巻き込んで、集団的な行為にまで広げていった。「教育は、一人の人のなせることが、（中略）その死後、百代ののちまでも、その力を及ぼすことが出来る」（『嘉納治五郎――私の生涯と柔道』日本図書センター）。彼は叙情的にそう書き記している。投《なげ》や絞技《しめわざ》や腕固《うでがため》から始め、人生の教訓や同じ目標を目指す柔道家を育成していった。その目標とは他者への貢献である。柔道家なら誰もが、この目標を達成しようと思うものだろう。嘉納が遺したものは計り知れない。そこには独自の世界感が見られるが、一九三二年、南カリフォルニア大学での講演で、彼自身がこう語っている「柔道の教えは、失望と無気力のどん底から、未来への明るい希望を持った精力的な活動状態へ人を導くと言えるのです。(中略)私たちは皆、運動することで神経や筋肉に与えられる快感を知っています。また、技の取得、身体の動作、そして人と争う中での優越感を通して喜びを感じます。しかし、これらの喜びに加え、優雅な態度を取り、優雅な動きをすることによる美しいものへのあこがれと喜びがあります。(中略)これらの修練は、さまざまな観念を象徴する種々の所作の鑑賞から得られる喜びと同様に、柔道の感情的又は美学的な側面を構成します」(教育に寄与する柔道、嘉納治五郎)。

一九三三年、日本は国際連盟を脱退し、一九三七年には日中戦争が勃発する。天皇の取り巻きたちは、軍人が銃で戦おうとしているときにスポーツをするとは何事かと考えるようになっていく。また、イギリスとフィンランドは、日本でのオリンピック開催を撤回すべきだと訴えた。日本政府は、海外からも一目置かれている嘉納に、一九三八年三月にカイロで行われる国際オリンピック委員会の席で日本の立場を弁明してくるようにと要請する。嘉納はもはや健康体でなくなっているにもかかわらず、それを承諾した。同年二月、嘉納はエジプトに向けて横浜を出発する。それが、彼の最後の旅となった。

第二十二章
師と弟子

ヴェニシューのリセ、マルセル・サンバに通う私は、付け焼刃の勉強でバカロレア〔フランスで高校修了を国家が認証するための試験〕の準備をした。柔道仲間と別れたくなくて落第してもいいと思っていたのだが、それでもリヨン第一大学理学部に入学でき、一九七八年からヴィルールバンヌ・キャンパスの学生となった。だがすぐに専攻した生物学に魅力を感じなくなり、大学生活が退屈になる。私のベッドサイドには、映画雑誌やドイツ表現主義に関するエッセイや西部劇百科などが山積みになっていた。結局、一学期はぱっとしない成績に終わり、生物学は自分には向いていないと悟った。

一九七九年一月から、私の毎日は昼は映画館通い、夜は道場通いに変わっていった。両親も息子がよもやそんな生活を送っているとは知らなかっただろう。大学に入学するとすぐ、アラン・レルベットという学生と知り合った。彼は勉強を再開したものの私と同じように大学に幻滅していた。

同じく柔道をしていて年上で華々しい戦績をもっていたが、それまでは彼のことをほとんど知らなかった。私は、全国大会で彼が獲得したタイトルに圧倒されただけでなく、どんな状況でも変わらない礼儀正しさにすっかり感心した。当時私はまだジュニアを卒業したばかりだったので彼とは一度も対戦したことがなかったが、アランはとても純粋な柔道を実践していた。ジヴォールのクラブにいた彼は勝ちたいという気持ちが強く、毎回一本勝ちすることにこだわっていた。当時、ジヴォールの柔道家たちといえば、負けず嫌いで勝つためなら手段を選ばない連中という印象をもたれていた。ルールを守らず、やれ計量する仲間の帯を引っ張り上げて体重を軽くさせるだの、ごろつきのような応援の仕方をするだの、審判に取り入るだの、相手選手を馬鹿にするだのと噂されていたのだ。熱気を帯びたそうした雰囲気は、ジヴォールで柔道を習っている者たちにどんどん伝染していく。美しさを大事にするアラン・レルベットは例外として、ジヴォールのクラブでは、必ずしも「美しい柔道」はよしとされなかった。その代わり、試合での勘、トレーニング、ダイエット、さらには、農耕馬でも無理やり競馬で勝たせてしまいそうなぐらいの強引さ、そういったものが優先されていた。一九九六年、アトランタ・オリンピックの柔道七十八キロ級で金メダルを獲得したジャメル・ブーラも、ジヴォールで育った。ひょろひょろの少年だった彼があれほどまでに偉大な柔道家になろうとは、試合に出場しはじめた当初は誰も思っていなかったに違いない。「いやいや、あいつはなにせジヴォール出身だぜ」そう言われて馬鹿にされていたのだから。

大学に入って一年目、アランは私にとってとても重要な存在となった。自分からはあまりしゃべらないが、言葉にはいつも重みがあり、その思いやりは決して見せかけではなかった。「きみには戦うための知性がある。他のことはあとからついてくるさ」そう言われてとても嬉しかったのをよく覚えている。授業をさぼることのうしろめたさを軽くするため、私たちはいっしょにトレーニングすることにした。朝、大学に来て、とりあえず授業に出る。出席がとられるとすぐにキャンパスを抜け出し、パリイ公園に行く。二人とも隅々まで知り尽くしている公園だ。アランは昔ながらの柔道スタイルを守っていた。いきなり取っ組み合いを始める私たちを見て、通行人はあっけにとられていたものだ。スウェットパンツは汗でぐしょぐしょになった。アランと私は、柔道着の上からウールのオーバーウェアをはおったまま、さらなる俊敏さを得るために一連の打込《うちこみ》をし、組手《くみて》で相手をつかめるよう指を鍛えた。こんなに一生懸命稽古をしたことはこれまでなかったと思えるほど熱中し、完全に柔道中心の日々になった。乱暴な相手と戦うためには筋トレも欠かせなかったが、私たち自身は腕力に頼らず、頭を使った技とスタイリッシュな動きから生まれる美しさを追求していた。それで必ずしも勝てるわけではないのだが、そういう柔道にこだわっていたのだ。

アランとはいつもいっしょだった。二人とも相変わらず大学に籍はあったが、どんな試験も受けようとしなかった。だがある日、私たちは柔道の大学選手権大会に出ることに決めた。自分たちの学生証になんらかの意味をもたせようとしたのかもしれない。私はそこで初めてアランと対戦することになる。その前に行われた地域予選では、私はすでに一回負け、アランが勝つと決勝に残れなくなる状況だった。するとアランは、わざと試合に負けて私を救ってくれた。彼のように勝ちに執着する選手がそんなことをするとはまったくの驚きだった。おかげで、私たちは一位と二位になることができた。そして、二人で密かにトレーニングを重ね、私たちはついに、自分たちを見放しているはずの大学の代表となる資格を得たのだ。

大学選手権フランス大会はモンペリエで行われた。リヨンを一歩出るだけで力を発揮できなかった私が、アランの励ましのおかげで一気に勢いづいた。彼と並んで勝利を重ね、決勝戦ではアランと私が対戦することになったのだ。そして、アランが勝った。アランのほうが強かった。それでも、表彰台で彼の隣に立ったときにはとても誇らしかった。そして、大学選手権全国大会二位というなんとも嬉しい結果によって、生物学科の学生としての私の生活は終止符が打たれることになる。学生選手権は柔道連盟の大会ではないとはいえ、全国大会であることは間違いない。上機嫌でリヨンに帰ってくると、二人とも一躍有名になっていた。理学部ではなんの注目もされず、階段教室ではいないも同然だった二人の学生が、知性と名声で私たちを圧倒していた優等生たちよりずっと大きな名誉をリヨン第一大学にもたらしたのだ。

しかし、大会が終わり大学に戻ると、真面目な学生にならなければという思いからそんな自己満足も影を潜めた。アランは柔道を教えることで生計を立てていた。自由な彼がとても羨ましかった。大学選手権の全国大会から数カ月後、私は膝を怪我してしまい、数年は試合に出ることを諦めざるをえなくなった。そこで、私も柔道の指導者になることを決心した。サン＝フォンでは、レイモン・ルドンが私を受《うけ》として使ってくれ、試合に出る選手たちのウォーミングアップも任せてくれるようになった。はったりもうぬぼれも抜きで、それが畳の上での私の指導者としての第一歩だったといえるだろう。その後、いくつかのクラスで教えることになり、黒帯の選手たちに私の得意技や一連の投《なげ》の形《かた》を実演してみせたりした。一九七八年から七九年のシーズンの終わり、ルドンは私に、リヨンの南にある小さな村シャポネイで、ジョゼフ・カレル＝ビヤールが後任を探していると言った。軍人だったカレル＝ビヤールは海外駐在から戻ると故郷の村に小さな道場をつくった。だが、いま道場を離れたがっているというのだ。二つ返事で後任の指導者になることをオーケーした。一九七九年九月、私はシャポネイの結婚式用ホールの地下室の床に自分のリュックを下ろした。シャワーもなく、窓には鉄格子がはまっているようなところだった。だが、何事も下積みから始めなければならないことはよくわかっていた。

日本と同じく、フランスにも人間国宝といわれる「職人」たちがいる。誰にも真似できない力と技をもち、後輩から尊敬されるとともに国からも認められる人たちだ。私も柔道人生のなかでそういう人物に何人か出会ってきたが、なかでもジョルジュ・ボードは特別な存在だった。彼が私を本物の柔道指導者にしてくれたのだ。リヨンの柔道指導者養成所の教官だった彼は、毎週土曜日、稽古と精神修養のために集まってくる十人ほどの生徒の面倒をとてもよく見てくれた。ボードはフランス柔道界において最高段位をもっていたが、そんなふうにはまったく見えなかった。道場を離れた彼は、頭は七三に分け、髭を生やし、細いフレームの眼鏡をかけていて、どう見てもどこかの営業マンという雰囲気だ。ところが、ひとたび畳に上がると、日本映画で見たことのある十九世紀の大名のように堂々としている。ボードはまるで自分が柔道をつくりあげたかのような口調で話したが、それはあながち嘘とも言えなかった。というのも、彼はずいぶん早い時期に日本に行き、講道館で直接嘉納治五郎に会っている。その後も何度も日本に渡り、柔道の源にある純粋さとその厳格さのなかにあるシンプルさ、あるいは柔道の源にあるシンプルさとその厳格さのなかにある純粋さを保ちつづけたからだ。かつての弟子たちは彼を熱愛したが、今度は私がそうする番だった。ボードはいつも穏やかな声で口数は少ないが、まなざしは鋭く、言葉でなく仕草で指導する。年齢相応に少しだけふっくらしていたものの、その体形は完璧だった。一九八〇年代への転換期ともいえる十カ月間、この師のなかの師ともいえる——私にとってそれまではレイモン・ルドンだったが——ボードが三人目の師匠となり、柔道の指導者資格をとるまで私を導いてくれた。

一九七九年九月、私はZUP（市街化優先地区）で一人暮らしを始めた。両親はドーフィネに戻ったが、私はマンゲットを離れなかった。リヨン大学の一年目は惨憺たるものだったが、その後、ストラスブール大学のUEREPS（教育・研究学部体育専攻）に入学した。だが結局、通わなかった。リヨンからあまりに遠かったからだ。IDHEC（高等映画学院）はとても手の届く存在ではなかったので、リヨン第二大学〔リヨン大学の分校の一つ。人文科学、経済学、社会科学、芸術学、歴史学、心理学、言語学などが集められている〕に方向転換し、ジャック・オモン〔フランスの映像理論学者〕とジャン＝ルイ・ルトラ〔フランスの映画史研究家。一九四一～二〇一一年〕のもとで映画学を学ぶことにした。映画学は歴史学の一部だったが、私は歴史学者という職業について何も知らなかった。まして自分が博士課程まで進み、そこでイヴ・ボンギャルソン〔フランスのサウンドクリエイター、ラジオDJ。フランス版『ローリング・ストーン』誌を創刊した元編集長。一九六〇～二〇一九年〕に出会って、いっしょに記号学の講義に出ることになるとは思ってもいなかった。記号学はこの時代とても人気があったが、私たち二人にはさっぱり理解できず、そもそも記号学のほうも私たちのことが好きではなさそうだった。さらに専門的な「物語論」という講義もあった。当時、リュミエール研究所で働いていたベルナール・シャルデール〔フランスの歴史家、映画評論家。一九三〇～二〇二三年〕にその話をすると爆笑され、「つまり毎回、講義は『昔々あるところに……』で始まるってことか?」とからかわれたものだ。

リヨン大学・ブロン校は、私が前の年にアランとさんざん走りまわっていたパリイ公園の隣にあった。その近代的なキャンパスには、夜中の〇時まで開いている図書館や、毎日、昼食時間に映画が上映される大きな階段教室があった。私は文学も好きでいろいろな小説を次々と読みあさった。孤独だったが、同時に自由でもあった。柔道だけでなく、ラジオ・カニュというフリーラジオの立ち上げに参加したりもした。

柔道の指導者養成所に入るのは簡単ではないといわれていたが、私は、子どもの頃から知っているリオネル・ジラール、アラン・アベロ、フィリップ・ダルーの三人とともに入学を許可された。偶然はそれだけではなかった。四人とも同じことを望んでいたのだ。血気盛んな若い選手の競争心から離れ、教えることで自分の柔道にさらに磨きをかけ、試合に出るのではなく教育者として居場所を見つけたい、やがては地元の柔道クラブを率いていきたいという望みだ。そして一年間、私たちは養成所で最強の四人組となっていった。

「一生懸命やれ。そうすればきっとうまくいく」ボードの言葉は、自明のことでありながら脅威でもあった。そう言われたら頑張らないわけにはいかないからだ。ボードは、一人ひとりが最良の指導者になるために何が足りないかをノートに細かく書き込んでいた。形《かた》、手技《てわざ》、固技《かためわざ》、理論、生物学、筋学、持久力、耐久力、審判、安全について……。講義の内容は盛りだくさんだった。さらには、医学、法律学、正当防衛の条件や、人数の割合に応じた正当防衛の法的限界――いまや、デモ隊に対する警察官はすっかりその限界を超えているが――についての講義もあった。

私たちは四人とも、かつてはフランスじゅうの道場を渡り歩き、自分は柔道のプロだと思っていたが、ここでは一から柔道を学び直さなければならなかった、それだけではない、人前で話す術も学んでいった。もっとも私は以前から大勢の前で話すのが得意だった。かつて林間学校の子どもたちの付き添いをしたこともあり、ラジオ・カニュでDJもしていた。また、リチャード・ドレフュス〔一九四七年～〕やルイ・ジューヴェ〔一八八七～一九五一年〕、サシャ・ギトリ〔一八八五～一九五七年〕といった私の大好きな映画の俳優たちは四六時中しゃべっていたので、自然と自分も話し好きになった。「はっきりと話せ！」ジョルジュ・ボードは、大内刈《おおうちがり》を実演して見せるようにと私たちを畳の真ん中に立たせると、そう叫んだ。大きな声を出せない内気な者に対しては「そんなんじゃ誰にも聞こえんぞ！」と怒鳴った。とにかく声を出して、その場に合ったことを即興でしゃべらなければならなかった。映画の世界に入り、仕事柄、人前で話す機会がたびたびあるが、私が周りから話すのがうまいと思われているとすれば、その能力はこの指導者養成所で培われたものだ。

ボードは容赦なく一人ひとりの欠点を指摘することもあった。そうなると、必死で頑張り、厳しい叱責になんとか応えなければならなかったが、私たちはだんだんと順応していった。そして、シーズンの終わりには、新人のように教育理論を学び、自分の挙動を見直し、子どもの頃に柔道に対して抱いたのと同じ情熱をもって自分のエンジンをチューンナップした。試合からはすっかり遠ざかっていた。私が賞賛しながら動向を見守っていたティエリー・レイは世界チャンピオンになり、一方の私たちは師の指揮棒のもとに何度も基礎練習を繰り返し、ようやく学ぶことと伝えることというもっとも大事なことをマスターしたところだった。

私は、養成所で学んだ教育の仕方をシャポネイで実際に試してみた。一年後の一九八〇年六月、指導者資格試験を受ける日がやってくる。私たち四人組は、地中海沿岸のサン＝ラファエルにあるブルリのCREPSに向かい、ともに二日間を過ごすことになった。車での長旅だったが、道中ずっとスポーツについて、政治について、さらには若者が社会で出くわすさまざまな出来事についてしゃべりつづけた。私は話し相手を言い負かすのが好きなので、思わず口論になることもあった。当時の私はまだ世間知らずで、田舎者だった。だが、試験を受けてみないと結果はわからないとはいえ、柔道の指導者になれる可能性は十分にあると考えていた。そして、将来の職業として自分に合っているとも感じていた。実際、シャポネイの指導者たちは、私が指導者資格を取れなかったとしてもそのまま道場に残ってほしいと言ってくれた。それが私の自信にもなっていた。

柔道連盟の試験官の目にボードの生徒たちは他とは違うように映ったに違いない。贔屓《ひいき》はいっさいなかったが、私たちを見るそのまなざしには尊敬と期待が込められていると感じた。そして、冬の間、投《なげ》の形《かた》の稽古に励んだ甲斐あってか、四人ともみごとに試験に合格した。リヨンに戻ると、テロー広場の市庁舎のバルコニーから柔道家たちが拍手を送ってくれた。まるでフランス大会で優勝したかのように歓迎されたのだ。

壁に指導者資格証明書が貼られたクラブで正式に柔道を教えることになると、初めて柔道着を着たときの怯えと興奮が入りまじった気持ちを思い出した。本当にやっていけるのかというなんともいえない不安にもとらわれた。よい指導者になるにはいくつかの条件が必要だ。まずは、自分の子どものように生徒をかわいがること。これがなかなか難しい。いつだってとんでもない子どもがいるからだ。そういう子に手を焼き、ようやく慣れると、翌年にはその子の姿がなく、別の街に引っ越したと聞かされることもある。二つ目は、雄弁に話し、粘り強く説明し、やさしく指摘すること。自分の指導スタイルをつくっていくのはもっとあとの話だ。三つ目は、仲間から尊敬され、栄誉あるタイトルをいくつかもっている柔道家であり、どんなに才能のある生徒を前にしても、気弱にならないこと。だがすぐに、優勝のタイトルなど、生徒の母親たちを感心させることができるぐらいで、あまり役に立たないと悟った。実際に目の前で柔道をやってみれば、その人の実力はすぐにわかる。指導者としての最後の条件は、指導者にふさわしい柔道着を身につけることだ。何かいわれのある柔道着だとか、生徒には手の届かない上質の柔道着だとか、そういったものが必要なのだ。そういう柔道着を着ていれば、激しく倒れたときでも優雅さを失わずにすむ。厳しく育成された指導者は、少しでもやる気のある生徒なら誰でも黒帯をとるところまで導き、才能のない生徒――実際にそういう子もいるものだ――も寛大に見守りつづけるための細かいマニュアルを備えている必要がある。

九月になり、私はまた道場に戻った。ただし、今回は指導者としてだ。柔道を教えることが柔道を実践する新たな方法となった。自分が頑張らなければいけないという義務感から、私は毎日一番に道場に行き、稽古の準備をし、道場が居心地のいいところになるように努力した。クラスが終わると、最後まで残って明かりを消して帰った。「起立……礼!」みんなに号令をかけるのは、いまや私の役目だった。私は伝統を尊重していた一方で、ウォーミングアップのときにBGMをかけたり、サッカーの練習法を取り入れたり、受《うけ》を競わせたりした。道場には、やんちゃ坊主たちの笑い声や大はしゃぎする声が響きわたった。

柔道は精神の自律性を重んじる。私は、うまい人も一生懸命な人もみな同じ立場に置かれるという柔道の民主的なところが好きだった。大人の稽古では、労働者もいれば、どこかの会社の部長もいれば、組合員や反体制者もいる。上級公務員も学生もエンジニアも商売人も、フランス人も移民もいる。その一人ひとりが、自分の柔道がうまくいかないと感じたり、反対に自分はすごいと感じたりする経験をもっている。同時に自分の限界も知っている。本業では大した有名人なのに、柔道を習うときには単なる生徒の一人であると自覚し、倒れてはまた倒れるという受《うけ》の謙虚な役割を自ら望む人たちもいる。

当時、生徒の家族は道場のなかには入れなかった。そこには生徒たち自身の生活があるとともに、指導者たち自身も守られていた。指導者を批判したり、子どもが負けたことに異議を唱えたり、決まりを拒否したり、乱暴なことをしないでもっと優しくしてほしいとか、もっと簡単なことをしてほしいといったクレームをつけたりする親は一人もいなかった。スポーツとは実際に経験することでそれまでとは別の生き方をつくりだし、自分が何を知らなかったかを認識するものだ。テニスのヤニック・ノアは十一歳でカメルーンからフランスにやってきた。ボクシングのマイク・タイソンは同じ年頃でトレーナーのカス・ダマト〔一九〇八～一九八五年〕に出会い、世界チャンピオンにまでのぼりつめたのだ。当時の私の生徒、ソフィー、ブルーノ、シルヴィ、ナタリー、フランク、シルヴァーナ、ガイ、アントニーのことはいまでも思い出す。私は大学で映画史の勉強をしたあと、急いで道場にかけつけ、彼らに柔道を教えた。クラブの生徒を増やすために、ZUPの友人まで道場に引き入れようとしたこともあった。柔道には向いていない者もいたが、なんとか黄帯をとらせた。すると、「また、下駄をはかせたのか！」投《なげ》が得意の仲間のリュック・マテューにそう言われたものだ。

当時の私の生活はすべて柔道中心に回っていた。柔道は、どんな嵐にもびくともしない高い山に建つ山小屋のように、揺るぎない信念と変わらぬ情熱を与えてくれた。週末になるとトーナメントや合宿に赴き、夏休みはシャモニーの指導者の会合に参加し、きれいな空気を吸って気持ちもリフレッシュした。激しく戦いたい気持ちが戻ってきたこともあった。そこで、昇段試験を受け、生徒たちを感心させるとともに、その気になれば私もまだまだチャンピオンになれるかもしれないという期待をもつことができた。

柔道の指導者になることも、大学で研究を続けることも、どちらも世界に影響を与える方法だった。たとえ柔道を教えるのは一つの村のなかだけであったとしても、大学で研究をするのは一つのテーマだけだったとしてもだ。実際にフランスではそういう仕事をしている女性や男性がたくさんいるが、教師になることも柔道クラブの指導者になることも公的な活動である。いろいろな闘いに身を投じていた両親とは違って、私の使命は二百人の生徒に柔道を教えることだと感じた。生徒たちは一つひとつの技について、私から学んでいた。柔道界全体の面倒をみていたのは五十万人の会員を擁する柔道連盟だ。私は毎日、十七時に門を開け、二十一時三十分に門を閉める。その間、子ども、青少年、大人の三つのクラスがあった。柔道の前と後には（たまに）大学に、（しばしば）映画館に行った。ラ・パルデューのショッピングセンターで、観客がほとんどいない二十二時半からの最終上映を見るのがお気に入りだった。スポーツのシーズンと学校の新学期というサイクルのなか、その数年の間、毎日毎日少しずつ違ってはいたが、一つだけ変わらないことがあった。夜には柔道をするという習慣だ。

二十歳になった私は、いたずらに学生気分を長引かせるのではなく、大人の世界で生きることにした。もっとも大切なこと、つまり柔道を伝える美しさを身につけるために柔道クラブの指導者となったのだ。私が、映画という別の世界に惹きつけられなければ、リュミエール研究所の映画ライブラリの司書になるという選択肢もなく、柔道だけに没頭していただろう。一九八〇年代半ば、レイモン・ルドンは私にサン＝フォンで黒帯の生徒たちの面倒をみてほしいと言った。自分が育ったクラブに戻り、柔道を教える——私にはそれは自然の成り行きに感じられ、その本当の意味を図ることができなかったが、いまならその意味がよくわかる。その後、ベルナール・シャルデールは私にリュミエール研究所を継いでくれと言い、ジル・ジャコブはカンヌ国際映画祭を引き継いでほしいと言ってきた。私たちの世代は前の世代とは違う。先輩たちがつけた道筋から大きく逸脱することなく、それでも自分のわずかな足跡を残しながら、自然の流れに沿って前進する世代なのだ。

第二十三章　嘉納治五郎、死す

「嘉納先生が講道館に戻ってきましたが、体調が悪そうです」一九三四年九月一二日、サラ・メイヤー〔イギリスの女優、柔道家。一八九六〜一九五七年〕はそう書き記している。のちほど詳しく紹介するが、サラは金髪で天使のような顔立ちのイギリスの女優だ。俳優業とイギリスの上流社会で生活しているだけではエネルギーをもてあますのだろうか、同時にロンドンの武道会〔日本武道の道場〕の一員でもあった。そして、本書に登場する他の人たちと同様、柔道は彼女の人生の中心になっていた。材木商のシルズ・ギボンズ〔一八〇九〜一八七六年〕と結婚するも離婚し、その後、ロバート・メイヤーという弁護士と再婚する。彼女にとって夫の存在がどれぐらい大きいものだったのかはわからない。おそらく、再婚相手のロバートは彼女が自由に行動するのを許し、チベット、中国、日本などを旅することにも反対しなかったのだろう。一九三〇年代初頭、サラは商船に乗って神戸港にやってきた。船の乗客は彼女一人だけだったという。

自由奔放で自分の考えをしっかりもっている彼女は、日本でも武徳殿〔大日本武徳会（戦前に武道の振興や教育を目的として活動していた財団法人）の本部道場および全国各地の武徳会の支部道場の名称〕で柔道を再開した。道場に通ってくるたくさんの警察官が、彼女の姿を見て目を丸くしたに違いない。

サラは日本語や生け花を学び、銭湯にもたびたび行った。銭湯では熱い湯の浴槽に浸かることと冷水を浴びることを繰り返すのが好きだった。王女のような風貌の彼女の身体はどんどん鍛えられていく。「山本先生〔一九三〇年半ばに日本選手権を連覇した山本正信（一九〇五〜一九八四年）のことと思われる〕はもはや、私を割れもののように丁寧には扱ってくれません」一九三四年六月二七日、サラは、イギリスでの柔道の師だった小泉軍治〔「イギリス柔道の父」と称された日本の柔道家。一八八四〜一九六五年〕への手紙にそう記している。「まるで、いたずら好きの象の足で転がされているような気がしました！　私が床に倒れることを嫌がらないので、先生はとても驚いたみたいです。だから、柔道をしているのであって性行為をしているわけじゃないんですから大丈夫です！と先生に言ってやりました。でもそんな自分の無謀さを後悔しています。だって、先生はそれ以降まったく手加減しなくなってしまったのですから」。さらに、精神を集中させて勢いをつけるときには、叫び声をあげて「気合」を入れるよう指導されたが、「強烈な喉の痛み」を感じ、「子猫の鳴き声」のような声が出ただけだったとも書いている。手を怪我したり、くるぶしを痛めたり、鎖骨を折ったたりすることもあり、あざやかすり傷といった生傷《なまきず》も絶えなかった。だが、彼女はつねに気を強くもっていた。「ときには遠くまで逃げ出したくなります。でも私は、自分が思っていたほど弱くはないようです」

サラは日本じゅうを列車で旅し、富士五湖で水浴びをしたり、熱海の温泉を楽しむこともあった。京都では、講道館の元生徒が集まってできた柔道サークルと交流をもった。大阪で台風に襲われたこともある。東京にやってきたのは一九三四年九月だが、どこに行こうが、必ず柔道ができるように道場を見つけた「港々に女性がいる船乗りのように、どこの道場にも私の柔道着が置いてありますす。幸いにも柔道着は数円で買えますから」。サラは、のちに十段となる二人の偉大な柔道家にも出会った。磯貝一《いそがいはじめ》〔一八七一～一九四七年〕と三船久蔵《みふねきゅうぞう》だ。磯貝はサラを「畳の上にそっと降ろし」てくれ、一方の三船は――その後、イヴ・クラインにも柔道を教えるのだが――サラを「まるでゴムボールのように」畳の上に転がしたという。サラはまた、大量の酒が飲みほされる宴会にも同席した。彼女は女性の柔道家について書いた記事も残している「日本の女の子たちは互いにとても礼儀正しいです」。道場には男性の更衣室しかなく、女性蔑視の空気をいち早く察したサラは、誘惑されたり抱きつかれたりしないように警戒したという。最終的に講道館で柔道を学ぶことになり、そこで嘉納治五郎と出会う。一九三四年九月三〇日付の彼女の手紙には嘉納の印象がこう紹介されている「先生がいるだけで誰もがやる気になるようで、私まで緊張しました。とっつきにくい方だとばかり思っていましたが、ヨーロッパふうのとても素敵な紳士でした。私をとても温かく迎えてくださり、まるで自分の国にいるような気分になりました。そして、好きなところで柔道を習って指導者の資格をもっているたくさんの柔道家に教えてもらうといい、とアドバイスしてくれました」。このようにサラ・メイヤーの書簡には貴重な情報が多く、一冊の本にして出版してほしいぐらいだ。

嘉納治五郎についての記述は続く。「先生は、形《かた》がいかに重要かについて話してくれるとともに、柔道の精神について聞きたいことがあればいつでも私のところに来なさい、と言ってくれました。実践だけでなく柔道の哲学についても興味がありますと伝えると、先生は嬉しそうでした」

一九三五年二月二三日（二月二七日と書かれている資料もある）、サラは日本人以外の女性で初の有段者になった。ジャパン・タイムズには「外国人女性、黒帯となる」という見出しが躍った。

その半年前、彼女はこう書き記している。「嘉納先生が講道館に戻ってきましたが、体調が悪そうです。腎臓結石だそうです。もう長くは生きられないだろうとみんな思っているみたいです」

嘉納治五郎は、自分の身体をあまりいたわらなかった。嘉納はどこか外国の街に行ったら、必ずその国の教育制度を調べて講演を行った。コペンハーゲン、プラハ、アムステルダム、上海、国際連盟本部のあるジュネーブ……。ピエール・ド・クーベルタンと会ったパリでは、国立高等工芸学校で、彼自身が乱取《らんどり》と形《かた》を実演している映像を上映した。ロンドンでは武道会に歓迎された。世界じゅうの柔道クラブの人々が嘉納の実演をこの目で見たがった。一九三三年、嘉納は中国とソ連を経由して列車でヨーロッパに戻った。翌年、今度は船で横浜港を出発し、アテネをはじめさまざまな国の首都に立ち寄りながら、一九三六年夏には第十一回オリンピックのためにベルリンに行く。その後はポーランド、ルーマニア、イギリスを回る。そして、アメリカに寄ってから同年一一月に東京に戻った。

日本では、嘉納は「生き神」とみなされ、写真でも君主のように写っている。海外でも大使のように扱われた。当然だろう。競馬の騎手のように小柄なこの人物は「一つのスポーツをつくりだした」のだ。世界史をひもといてみても、そういう人物は決して多くない。そのうえ嘉納は礼儀正しく穏やかで責任感があり、冷静な行動の裏にほんの少しの奇抜さをもちあわせていた。まさに本物の柔道家だったのだ。日本の伝統的な服や西洋の服（ときには着物姿に帽子をかぶり、和洋両方を取り入れていた）を脱ぐのは、柔道着を着るときだった。彼はさらなる未来を思い描き、自分が柔道を引退したあとのことを考えはじめていた。しかし、一九三八年二月、再び船で外国に向かうことになる。嘉納はすっかり疲れはてていた。嘉納治五郎でありつづけることは、それだけ重荷だったのだ。

それでも、第十二回のオリンピックを東京で開催することを断念しないようにIOCを説得しなければならなかった。湿度が高く、雲が多く、波の高いこの時期、ヨーロッパへの旅は激しいものになるだろう。一九三八年二月二一日の午後、嘉納は横浜港を出発した。かつての弟子の横山健堂《よこやまけんどう》〔一八七二〜一九四三年〕がそのときのことをこう書き記している「欄干に沿うて立ち、微笑を含んで徐《おもむ》ろに左手を揮《ふ》りつつ、英姿は次第に遠ざかり行く。是が先生が故國に残された最後の印象である」（『嘉納先生伝』講道館、一九四一年。原典にはふり仮名なし）。嘉納治五郎は七十八歳になろうとしていた。

それは、嘉納にとって十二回目の海外への長期旅行だった。五人の娘と二人の息子（長男の履信《りしん》は一九三四年に亡くなっている）に手紙を書きながら、嘉納は、いまの生活が終わる日を夢見ていた。真剣に書道を勉強し直したいと思っていたのだ。彼にとって書道は、心と手の柔軟性を養う、柔道とはまた別の道であり、別の瞑想法でもあった。日本列島が遠ざかる間、嘉納は甲板の上を歩きながら講道館の五十周年式典について思いをめぐらした。式典には天皇の側近たちまでもが駆けつけた。嘉納は（サラ・メイヤーいわく）山下義韶《やましたよしつぐ》〔一八六五〜一九三五年〕の「しゃがれ声」のスピーチが出席者一同を感動させた場面を思い出していた。山下はその数年後に亡くなったが、彼は、黒帯第一号の富田常次郎、薄くなりかけた頭とカイゼル髭の怪物、横山作次郎〔一八六四〜一九一二年〕、嘉納の七番目の弟子で、もっともしたたかでもっとも才能に恵まれているといわれた西郷四郎とともに「講道館の四天王」と呼ばれていた。ちなみに四人とも嘉納より早く亡くなっている。嘉納はこの四人とともに道場破りと戦ったこともあった。道場破りとは、文字どおり「他の道場を壊す」ことを意味する。当時東京では流派同士の争いが激化し、新参者の講道館の柔道家たちを負かして辱めようと企んだ他の流派が戦いを挑みにやってきた。柔道には敵がたくさんいたのだ。道場での激しい対戦はやがて、「男なら表に出ろ」とか「日本人なら表に出ろ」といった怒鳴り合いに変わり、最後は屋外での乱闘になった。今後世界や日本がどうなっていくかについて独自の考え方をもっている嘉納は、国家の裏切り者の烙印を押されていた。ののしり合いが続き、男たちが追いかけ合い、殴り合いに発展し、負けた者は担架で運ばれていった。それは、頭角を現しはじめた嘉納の柔道がいかに周りの嫉妬をかきたてているかの証でもあった。だが勝つのはつねに講道館で、柔道は日本全国に広がっていった。

もっとも有名な道場破りは、一八八〇年代半ば、楊心流《ようしんりゅう》の柔術の指導者だった戸塚彦介〔一八一三〜一八八六年〕によるものだ。戦いは、弥生神社〔現在の北の丸公園にある弥生慰霊堂〕で行われた。山下義韶は膝車《ひざぐるま》を使い、横山作次郎は絞技《しめわざ》を駆使し、富田常次郎は効果的な捨身《すてみ》で相手を壁に投げ飛ばした。西郷四郎の無敵ぶりは、道端で子どもたちがその強さをたたえる歌を口ずさむほどだった。他の格闘技をしのぐ柔道の強さを西郷ほど証明した者はいないだろう。とくに、彼の三倍の体重があると思われる奥田松五郎〔奥田流柔術創始者。大日本武徳会柔道範士。一八五四〜一九三一年〕との対戦では、野良猫のような俊敏さでやすやすと勝利した。自分の流派の敗北を認めた戸塚は「天才という言葉は西郷四郎のためにある」と言い残して去っていった。船上の嘉納は、頑固で制御のきかない性格が仇《あだ》になり、栄光に包まれたまま若くして講道館を去った西郷のことを思い出していた。西郷の死からすでに十五年が経っていた。西郷の死の直後、嘉納は彼に六段を授与することで、そのショックからなんとか立ち直ることができたのだ。

嘉納は、世界初の商用機が飛ぶシンガポールに降り立った。そこからエジプトに行き、第二の都市アレキサンドリア、さらには首都のカイロに向かう。オリンピックの東京開催が決まって二年経ち、好戦的な東京より平和なヘルシンキで開催すべきだという声が日に日に高まっていた。嘉納は、柔道の体落《たいおとし》を習熟している者の自信をもってＩＯＣのメンバーの前に立ち、ドラマチックな口調で語りかけた。アジアでの開催が、クーベルタンが提唱したオリンピズム（オリンピック精神）の一つである世界平和の貢献にいかに役立つかを説いたのだ。そのスピーチが功を奏し、東京でのオリンピック開催が確定する。一九三八年三月二〇日、嘉納はカイロから日本の人たちに向けてその朗報を無線で伝えた。日本にとっては国際社会における華々しい勝利であり、嘉納本人にとっては個人的な勝利だった。そのとき撮った写真には、満面の笑みをたたえた嘉納が写っている。

ＩＯＣ総会が終わると、嘉納は海を渡ってアテネに向かう。ピエール・ド・クーベルタンが少し前に亡くなり――それはまた、一つの時代が終わったことを意味していた――、その弔いのためである。「近代オリンピックの父」といわれる本人の遺志を継いで、クーベルタンの心臓は、アテネから三百キロメートル離れたオリンピアの古代競技場のそばに埋葬された。戦後そこに《国際オリンピックアカデミー》〔オリンピック精神の普及やオリンピックに関する研究や教育を目的とする国際組織。本部はギリシャのアテネ〕が創設され、一九四八年以降はオリンピックの最初の聖火ランナーがこのアカデミーの前で足踏みをすることになっている。嘉納がアテネに着いたのは一九三八年三月二六日。古代文明を愛する嘉納はギリシャに戻ってこられて喜んだ。翌日は、柔道国際連盟の創設を伝えるためにパリに行き、日本の大使、杉村陽太郎〔日本の元外交官でＩＯＣ委員も務めた。一八八四～一九三九年〕に面会する。杉村もまた、以前は嘉納の弟子だった。彼の弟子はもはや世界じゅうにいた。柔道の歴史は友愛で成り立っている。嘉納はそれを「自他共栄」〔「精力善用」とともに講道館柔道の指針として掲げられている〕という言葉で理論化した。柔道の指導者でこの言葉について知らないものはいないだろう。集団としての調和は、個人相互の助け合いと譲り合いから生まれるという考えだ。それどころか、他者が前進しなければ自分にも前進はない。一見シンプルに見えるこの考え方は、団体スポーツではもちろん必要だが、実は柔道でも同じである。ただし、そのことはあまり知られていない。自他共栄はチームで活動するときこそ発揮される。柔道は、新たに道場の指導者になった嘉納の弟子たちによって、単なる格闘技以上のもの、スポーツ以上のものになっていた。

パリの道場では、もはや組手《くみて》はしっかりしておらず、技のコンビネーションもスムーズにいかない嘉納だったが、柔道をするときの姿勢はいまだ完璧だった。嘉納は、自分が後援者となっているフランス柔術クラブに集まった柔道家たちの前で新しい技を教えた。そこには、川石やフェルデンクライスをはじめ、フレデリック・ジョリオ＝キュリー〔フランスの原子物理学者。一九〇〇〜一九五八年〕や、当時の教育大臣でその後カンヌ映画祭の創設者の一人となるジャン・ゼー〔フランスの政治家。一九〇〇年代初頭のフランス文化の発展やスポーツ教育に尽力した。一九〇四〜一九四四年〕と並んで、画家のフジタ〔藤田嗣治。フランスに帰化し、レオナール・フジタとして活躍。一八八六〜一九六八年〕の姿もあったのではないだろうか。畳の隅には、のちに黒帯を授けられてフランス柔道の第一人者となる、若きジャン・ドゥ・エルド〔一九一三〜二〇一三年〕もいた。その夜、パリじゅうが見守るなか、この若者が嘉納の相手をした。

フランスをあとにした嘉納はアメリカに向かう。一九三八年四月一七日、嘉納はニューヨークの道場でアメリカの柔道家たちに段位を授与する。そして、ユナイテッド・エアラインＤＣ３でシカゴに行き、地元のクラブ有段者会のメンバーである日系アメリカ人と会食をしている。まだ日系人が敵だとみなされてはいない時代だが、ハリウッドではすでに日系人は軽く揶揄される存在だった

──その後、クリント・イーストウッド監督の『硫黄島からの手紙』〔アメリカ、二〇〇六年〕が、日系人のそういった印象を完全に払拭してくれた。シアトルとバンクーバーでも、嘉納は領事や柔道家と会った。

　五日後、嘉納は日本郵船氷川丸で帰国の途につく。氷川丸は西海岸の北と横浜の間を就航していたアールデコ調の美しい内装の船で、チャップリンが『街の灯』〔アメリカ、一九三一年〕公開直後の一九三二年に世界一周をしたときに日本から乗った船として有名になった。航海は二十日間かかり、嘉納は船上で、大日本体育協会会長として嘉納の後を継いだ下村宏〔政治家。一八七五～一九五七年〕に手紙を書き、不安な気持ちを吐露している。奔走の末にＩＯＣから日本でのオリンピック開催の言質はとりつけたものの、解決しなければならない問題は山積みだった。ヨーロッパでは国家間の敵対関係とヒットラーの思惑がおぞましい同盟を生みだし、その結果、大西洋の上空には暗雲がたれこめていて、やがてアジアは悲劇的な雷雨に襲われるだろう。そう考えていたのかもしれない。

　嘉納は、船内では特別扱いされていた。たとえば、夕食は将校たちと同じテーブルだった。しかし、体力は消耗していき、だんだんと船室にいることが多くなった。これまでになく無口になった嘉納は、目の前の大洋に別れを告げる。彼は生涯、海が大好きだったが、長い旅路が終わろうとしていた。

　一九三八年五月一日、船長の休憩室にいつもいるはずの嘉納の姿がないことに誰もが驚いた。彼の側近は、嘉納の顔色が真っ青で腸の病気になっていると告げた。翌日、部屋を出ることもできなくなった嘉納のもとに医者が駆けつけ、ハーブをベースにした胃腸薬を調合する。五月三日、船長は部下に嘉納の部屋のドアの前から離れないようにと言いつける。夜半、症状が悪化する。その数時間後、嘉納は帰らぬ人となった。死因は肺炎か、胃腸の病気か……。それを判定する証拠も材料も文献もない。公式には肺炎による死とされた。彼の凱旋を望まない者もいて、その栄光に包まれた帰国は嘉納と対立していた日本軍にとっては煩わしいものであった。軍に反対した者が暗殺されることもあった時代だ。嘉納は毒殺されたのではないかという説もある。だがそれは、あくまで噂にすぎない。

嘉納治五郎の死は、五月四日の日本時間五時三十五分、船長によって無線で知らされた。横山健堂は「先生は、どこまでも続く青い海原から帰らぬ人となりました」と叙情を込めて書いている。嘉納は横浜湾を見ることはなかった。横浜の港には、彼の死を弔うために三千人もが詰めかけた。嘉納は、その二カ月後に日本がオリンピック開催を取りやめ、おぞましい戦争に飲み込まれていくことを知らないまま亡くなった。

その後、日本は、一九六四年にようやくアジア初のオリンピック開催国となり、現在、世界じゅうの柔道人口は千五百万人といわれるまでになった。

嘉納は、日本では花が咲き乱れる春に亡くなった。そして一九三八年五月九日、素朴な神道のしきたりにしたがって埋葬された。

第二十四章　雨に唄えば

もう子どもでもなく、ティーンエイジャーでもなく、気づけば大人になっていた。そして、私は柔道家だった。一九五七年から一九六三年生まれの人たちは自分たちの青春時代についてほとんど語ることをもたない。語るように頼まれることもない。社会的に語るほどの事件がなかったからだが、自慢できることもない。いろいろな出来事があった前の時代には私たちはあまりに幼かったし、あとの新しい時代の主役になるには年をとりすぎていたからだ。上の世代の人たちに感動して憧れ、下の世代の人たちにはただただ驚かされる……。そんな世代の存在意義はなんなのだろう？　私はいまでもそう考えることがある。だが、もしかしたらどの世代の人たちも、アルベール・カミュが言うように「世界をつくり直す」という使命感に駆られ、同じようなことを考えるものかもしれない。カミュはまたこうも言っている「多分、私の世代に課せられた任務はもっと大きなものなのでしょう。それは世界の解体を防ぐことあるのです」（『スウェーデンの演説』木内孝訳、神無書房、一九六九年）。

一九八一年五月一〇日、フランスに左派の大統領が誕生した〔社会党のミッテランが大統領に就任し、一九九五年まで在任した〕。その夜、フランスじゅうが熱狂に包まれたが、一九七〇年代が終わるとともに時代が大転換していくことに人々はまだ気づいていなかった。それまでとは何もかもが変わってしまうことにも……。

一九八〇年代は生気がなく、まるで瀕死の状態で、最悪な二十一世紀の前触れだった。いろいろなものが崩れはじめ、八〇年代はあっという間にすぎていく。もちろん、その十年間によいこともあったが、少なくとも「私たちの時代」ではなかった。私たちは八〇年代のスピードについていけず、時代から取り残された。たとえば、私も周りの仲間たちも軍隊に入りたくなかった。うまい具合に軍隊側も私たちを必要としなかった。兵役逃れをして、ドイツでの一年間の駐屯（リヨンの若者の多くはドイツに行かされた）を免れる若者が続出した。リヨン・デジュネットの軍病院に救急車で運ばれるような病気を装い、精神疾患と診断されて兵役を逃れるという賢い策を弄した者もいる。私の場合には、膝の怪我が幸いした。中量級の柔道家に諸手《もろて》背負投《せおいなげ》をかけようとして失敗し、右膝の靭帯を断裂したために下肢障害者に分類されたのだ。「有事の際には自宅で待機して召集がかかるのを待つように」徴兵検査の検査官はそう言って私たちを追い返した。柔道のおかげで、私は徴兵を免れた。

私たちの前の世代は反抗文化の担い手だった。だが、私たちの世代はもはや革命など計画することもなく、自分が将来何になるのかも考えようとせず、就職の時期をただだらだらと引き延ばしているだけだった。それまでの慣習から解放されたいという気持ちだけでは何も生まれてこない。周りの人とは違う生き方をすると豪語したものの、実際に私がしたことといえば、相変わらずマンゲットに住みつづけ、大きなアパルトマンを男友達と七人でシェアして暮らしたことぐらいだ。同世代の若者のなかには前の時代を真似た生き方をしようともがいている者もいたが、私とルームメイトたちはしょっちゅう旅に出ていた。人気《ひとけ》のない海や山に憧れ、フォード・トランジット〔フォードモーターがヨーロッパで四十年にわたって製造しているバン〕を飛ばし、アルジェリアの街、タマランセットやアスクランという高地まで遠征したこともあれば、アンデス山脈のふもとのメンドーサという街で酒の味を知ったこともある。

いずれは社会人になるのだからと漠然と思いながらも、毎日くだらないジョークを飛ばし、メッセージソングを歌いながら、モラトリアム期間を続けた。世の中のことすべてがばらばらになっていくような感じがした。当時、ZUPではイスラム教徒が増え、巷ではどんなつまらないものでも商品化するという度を越した消費の波が襲ってきていた。広告はアートだといわんばかりに氾濫し、ひと時代前の政治的なユートピアは鳴りを潜め、誰もが消費社会のなかで生きていた。それでもまだ、当時はそういう時代の変化に人々は戸惑っていたように思える。だが、やがてそれが当たり前になっていくことにまだ誰も気づいていないなかった。一人ひとりがその流れに飲み込まれないようにするのがやっとだった。私は、大学でそれまで誰も研究していなかった映画の社会史を研究しはじめていた。当初は一九五〇年代の日本におけるフランス人柔道家――いまでもその何人かが存命している――について研究する予定だったのだが、方向転換して「二十世紀の人々はどんなふうに映画館に行くことになったのか？」という二千ページの論文に取り組むことにしたのだ。そこで、時代の誘惑に背を向けてフランスの偉大な歴史家たちの著作を読みあさり、足しげく映画館に通った。その頃、クロワ゠ルースにラジオ・カニュのスタジオをつくったりもした。たいしたことではないとはいえ、それが私にとっての精いっぱいの社会への反抗だった。

独身で貧乏で友情を何より優先していた私も仲間たちも、これからの人生、何をしていいのかわからなかった。それでも私は、シャポネイとサン゠フォンの道場で柔道を教えることでなんとか生活していた。未来を案じて、仲間たちとニノ・フェレール〔イタリア生まれのフランスの歌手。一九三四～一九九八年〕のコンサートを主催したこともあれば、古ぼけたジェルラン・スタジアムで行われたローリング・ストーンズのコンサートに足を運んだこともある。同じ頃、リヨンのスポーツセンターで《武道の祭典》が行われた。柔道、空手、合気道、剣道といったさまざまな武道の達人が『七人の侍』になって登場し、舞台上でそれぞれの技を実演するひと幕は八千人の観客を魅了した。さらに数十人もの武道家が登場し、花火が打ち上げられ、馬も登場し、観客たちもイベントに参加した。私たちはときに、《チャリティーの夕べ》と題したイベントも主催した。嘉納治五郎も他者への献身を説いていたのだから、私にとっては当然のことだった。その昔、慈善の心をもたない柔道家など一人もいなかった。だが、だんだんと善意など邪魔になっていき、時代の先端を行くためには人々を笑いものにし、否定しなければならなくなった。消費社会を先導する少数の人間に右へ倣えをし、大衆の存在さえ意味をなさなくなったのだ。私はそういう風潮になじめなかった。それまでの人生で他人への思いやりを学んできたからだ。悪者に憧れるのは映画のなかだけでいい。あの時代、メディアの保守的な論説などより芸術家たちの過激さのほうがよほど価値があった。

一九八〇年代をとおして私の生活の中心はまだ柔道だった。自分の「本業」だとは思っていなかったものの、私は毎晩、柔道を教えることに真面目に取り組んでいた。弟子たちも上達していき、形《かた》の試験にも合格して次々に黒帯となった。稽古が終わり「礼！」と挨拶をする前、よく弟子たちに目を閉じるように言い、しばし瞑想をさせた。生徒は数人だったとしても、私はこの集団で行う瞑想が好きだった。自分自身のなかに孤高の神殿を感じる、まさに聖なる時間だった。

一九九〇年代初頭になると、柔道だけやっていていいのだろうかと自問自答しはじめた。自分が何をしていくのかを真剣に考えなければならなくなったのだ。当時、私は柔道を教えるかたわら、リュミエール研究所でボランティアをしていた。アーカイブの分類や希少なポスターのメンテナンスがおもな仕事だったが、歴史学者レイモン・シラのもとで稀少本の調査の手伝いもした。大変な仕事ではあったが、苦労には感じられなかった。博士論文の準備はとんでもない孤独な作業だったので、柔道以外で外に出たりヨーロッパのシネマテークに通ったりするだけでも大きな気晴らしになったからだ。若い私が高齢の映画通と臆することなく話していることに驚かれたり、愛車のフォード・トランジットで35ミリフィルムをあちこちに運んだりするのも楽しかった。

当時、私の憧れのベルトラン・タヴェルニエが、まだ試行錯誤段階のリュミエール研究所の所長に就任していた。地元の人たちは自慢気にタヴェルニエのことを「本物の映画人《シネアスト》でリヨン人だ」と形容していた。ボランティアをしていた私は、シャトー・リュミエール〔リュミエール兄弟の生家。現在はリュミエール研究所として使われている〕で何度も彼とすれ違うようになったが、ある日彼に、オート＝マルヌで『素顔の貴婦人』〔ベルトラン・タヴェルニエ監督、フランス、一九八九年〕の撮影をするのでいっしょに来ないかと誘われた。私は喜んで、トンネル内での難しいシーンの撮影に立ち会わせてもらった。撮影現場のタヴェルニエは、技術者たちに大声で檄を飛ばしたかと思うと、サビーヌ・アゼマ〔一九四九年～〕やフィリップ・ノワレ〔一九三〇～二〇〇六年〕といった俳優たちには穏やかな声で指示をする。「カット」という声をあげたあと、著作権について関係者と激しく議論し、この作品をカラーにするかモノクロのままでいくかで揉めて、いらだってもいた。反エリート主義のこの映画人の一挙手一投足に私は強く魅了された。

リヨン第二大学の指導教授イヴ・ルカン〔一九三五〜二〇二〇年〕のおかげで、私の歴史学の修士論文が、ベルナール・シャルデールがリヨンで創刊した『ポジティフ』〔『カイエ・デュ・シネマ』としばしば敵対したといわれている〕という映画雑誌に掲載されたこともあった。私は生粋の映画好き《シネフィル》で、当時は『カイエ・デュ・シネマ』を読みあさっていたのだが、同誌の堂々めぐりの考察と節度のない自慢話に次第にうんざりしていたのも事実だ。私が博士論文を書きはじめたときのことだ。タヴェルニエが、私を正式に自分とベルナール・シャルデールのアシスタントとして雇いたいと言いだした。『ポジティフ』の創刊から三十年、シャルデールはリュミエール研究所のジェネラルディレクターになっていた。シャルデールは圧倒的な才能をもち、とんでもない将来性を秘めていると言われつづけていたが、いまだにその才能が十分に認められているとはいえなかった。だが、私にはパリから遠く離れて知的な生活を送るアナーキーなフランスの映画通《シネフィル》を代表する存在に思えた。私は一気に大きな渦のなかに放り込まれた。リヨンのモンプレジールにあるレストラン《ラ・ヴェランダ》でシャルデールから仰々しい言い回しでその話をされたときのことは、いまでもよく覚えている。そこは、映画『ラウンド・ミッドナイト』

〔ベルトラン・タヴェルニエ監督、アメリカ・フランス、一九八六年〕で、フランソワ・クリュゼがクリスティーヌ・パスカル〔一九五三〜一九九六年〕に出会ったレストランだった。

ＤＥＡ学位〔研究深化学位のこと。フランスの大学で修士課程修了後に取得し、ＤＥＡを取得した半数以上が博士課程に進む〕を取得した私は、リヨンのＣＮＲＳ（フランス国立科学研究センター）のピエール・レオン現代史センターで研究を続けた。研究者、柔道家、映画人の三足のわらじをはくことで身体的にも精神的にも自由を感じていた。だから、リュミエール研究所が、数年間ボランティアとして働いていた私を正式な職員として採用すると聞いたときには心底驚いた。夢にも思っていなかったからだ。こうして、『ワンス・アポン・ア・タイム・イン・アメリカ』〔セルジオ・レオーネ監督、アメリカ・イタリア、一九八四年〕でロバート・デ・ニーロとジェームズ・ウッズが禁酒法時代の終焉を祝ったときと同じように、私は晴れやかさと切なさの混じり合った複雑な気持ちで三十歳の誕生日を祝った直後に、最初の職を手に入れたのだ。私はそれまで一度も就職活動をしたことがないままに、三十歳を迎えていた。名刺も持たず、給与やポストについて交渉をしたこともなく、もはや自分が何をしていると言っていいのかわからなくなっていた。それがついに、大人の仲間入りをすることになった。その結果手に入れられたものがある一方で、若さゆえの特権は手放さざるをえなくなるのだろう。新しい人生が私をどこに連れて行ってくれるのか、そのときはまだまったくわからなかった。子どもの頃から、私はずっと畳の上で生きてきた。だが、映画によって畳から飛び立たなくてはならなくなった。過去に決別すべきときがきたのだ。

そうして、柔道は私から去っていった。同時に、博士論文を書きあげることも諦めることになった。だが、映画への愛情がそういった選択すべてを正当化してくれた。私は仲間とともに、リュミエール研究所の仕事に没頭した。そしていつのまにか、資本ももたないこの研究所はしかるべき地位にのぼりつめていく。世界じゅうから偉大な映画人が集まって、自らが人生を捧げている芸術の起源を発見することができる場所、「世界が出会う場所」になっていったのだ。一九九一年、真っ先に来てくれたのは、現代社会をみごとに描き出す映画監督として注目を浴びていたドイツのヴィム・ヴェンダースだった。『さすらい』〔西ドイツ、一九七六年〕（モノクロスコープの三時間にわたるこの作品は、東ドイツの国境に沿って二人のノマドがトラックで放浪するストーリーで、いまでも私の好きな作品の一つだ）、『パリ、テキサス』〔フランス・西ドイツ・イギリス・アメリカ、一九八四年〕、『ベルリン・天使の詩』〔西ドイツ・フランス、一九八七年〕といった話題作につづき、『夢の涯てまでも』〔ドイツ・アメリカ・日本・フランス・オーストラリア、一九九一年〕という作品の試写のためにリヨンに来てくれたのだ。だが残念ながら、この作品は高い評価を得られずに終わった——映画とは、あっという間にアーティストの権威を失墜させてしまうこともある残酷な芸術である。次に、ジョセフ・L・マンキーウィッツとアレン・ギンズバーグ〔アメリカの詩人、活動家。一九二九〜一九九七年〕がやってきた。ギンズバーグは、人を集めて、自身の詩を彼らの前で朗読をしてほしいと私に言った。エリア・カザン〔トルコ生まれのギリシャ系アメリカ人の俳優、演出家、映画監督。一九〇九〜二〇〇三年〕もリヨンに一週間滞在した。柔道の稽古が終わってから、彼と《ホテル・ラ・トゥール・ローズ》で夕食をともにしたのを覚えている。当時私はまだ柔道を続けていて、その話をするとカザンはとても驚き、私がどんなところに住んでいるのか見たいとまで言いだしたので、マンゲットまで連れていった。映画監督というものは、作家と同じで実に好奇心旺盛である。タヴェルニエの口利きで、アメリカ先住民問題をテーマにした『赤い砦』〔アメリカ、一九五五年〕や隠れた名作といわれる『無法の拳銃』〔アメリカ、一九五九年〕の監督、アンドレ・ド・トス〔ハンガリー出身の映画監督。一九一三〜二〇〇二年〕を招待したこともある。

こうしてリュミエール研究所がつくりだす小さな世界がどんどん動きだしていく。私はこの研究所をとおしてさまざまな作品を紹介し、映画とは何かを伝え、リヨンの街をこれまで以上に有名にしたかった。一九九四年は、私にとって、実に大きな嵐が吹き荒れた年となった。まず、自分が教えていた柔道クラブの指導者の座を、受《うけ》と形《かた》の達人で、軽量級の将来有望な柔道家ブルーノ・ブランチャールに受け渡した。私はすでに古参の老い先短い指導者――スポーツからの引退はいつだって一つの小さな死である――で、ブルーノはその忠実な弟子だった。彼にとっては晴天の霹靂でなんの準備もなかったと思うが、何一つ文句を言わず後任を引き受けてくれた。こんなふうに毎晩のように着ていた柔道着が必要でなくなる日が来るとは、まったく思ってもいなかった。これから生きていく世界では、内股《うちまた》や十字固《じゅうじがため》がいくらうまくてもなんの役にも立たない。柔道は私にとってもはや内なる世界に密かに存在するものになった。だが、たとえ柔道を実践しなくなっても、その存在は決して消えることはない。私はこうしてそれまでの生活と決別したが、そのときには後悔も悲しみも感じなかった。だが、あとになってわかった。一九九二年一月のある日、エクス＝アン＝プロヴァンスに向かう道中で、セルジュ・ダネー〔フランスの映画評論家。一九四四〜一九九二年〕がノスタルジーとメラコンリーの違いについて語ってくれたことがある。現代的な感性をもちながら自ら死が近づいていることをよく知っている者による、寂しさと喪失感についての鋭い考察だった。私は、柔道をやめて何年か経ってからダネーの言葉を実感した。寂しさを感じ、そのあとで喪失感を抱いたのだ。

同じ一九九四年の一〇月、リヨンでリュミエール兄弟によるシネマトグラフ誕生百周年のフェスティバルが開催された。一八九四年秋に、ルイ&オーギュスト・リュミエール兄弟が映画の研究を始めてからちょうど一世紀。私はフェスティバルの運営を任された（それがどれだけ大変で、結果的にどれだけの成果をもたらしたかは私だけが知っていることだ）。それもあって、柔道とは完全に離れることになった。それまで私は柔道しかやってこなかった。同じように、これからは自分のこの新たな仕事だけに専念しようと決意した。

この祝典のために、スタンリー・ドーネン〔アメリカの映画監督。一九二四〜二〇一九年〕にファックスでフェスティバルの参加を依頼した。ドーネンがタヴェルニエを尊敬していると知っていたからだ。そして、フェスティバルの一貫として『雨に唄えば』〔ジーン・ケリー、スタンリー・ドーネン共同監督、アメリカ、一九五二年〕を上映した。映画という芸術の楽しさ、すばらしさ、大衆性のすべてを兼ね備えた大傑作である。アメリカ人特有のカリスマ性と優雅さを備えたドーネンを前に、タヴェルニエは映画史に残るような賛辞を送り、観客の拍手はいつまでも鳴りやまなかった。

そしてまた偶然のいたずらか、時を同じくして私にとって大きな出来事が起きる。上映会の翌日一九九四年一〇月一一日に、マンゲットのＨＬＭが解体されたのだ。地階に仕かけられた爆発物が炸裂し、一帯に爆音が轟き、激しい爆風が起きた。三十年前に建設された団地は老朽化が進み、解体せざるをえなかったのだろう。「デモクラシー地区」と呼ばれていた地区で、私が育った家に隣接していたいくつもの大きなビルがたった数秒で煙と化した。ようすを見ようと近隣の人々がたくさん集まり、その歴史、その地区、そこでの生活を惜しんだ。最初は思い出を熱く語っていた人たちもそのうちに胸が締めつけられ、最後には泣いていたという。姉のマリー＝ピエールが涙とともに語ってくれた話だ。

このタイミングは偶然だったのだろうか？　十棟ものビルがダイナマイトで爆破されたとき、私は現地のマンゲットからもサン゠フォンやシャポネイの道場からも遠く離れたリヨンの片隅で、映画誕生百周年の祝典を仕切っていたのだ。私の青春は閃光とともに消えていった。こうして私は、マンゲットにも柔道にも別れを告げた。

その後の数年間は、たまに道場に顔を出していた。だが二〇〇三年以降、ヴェニシューにまったく行かなくなった。人生にはさまざまな別れがあり、幸福な瞬間がずっと続くわけではないということもよくわかっていた。『雨に唄えば』の上映会の前日、もともとはダンサーとしてハリウッドデビューをしたスタンリー・ドーネンは、リヨンの会場でタップダンスを少し披露してくれた。そしてこう言った「私がハリウッドで映画製作のチャンスにめぐりあったとき、ハリウッドには冬が訪れつつあって雪が降りはじめていた。でも、まだ降りつもったばかりの雪だったので、そこに自分の足跡を残すことができたんだ」。ドーネンは、自分の作品がまた時を経て上映されることに感動してそう発言したのかもしれないが、私には、映画史についての衝撃的な総括に聞こえ、その言葉に自らの黄金時代を懐かしむ芸術家のはてしない悲哀を感じずにはいられなかった。そして不思議な感情にとらわれた。私自身がすでに思い出になりつつある柔道に同じような感情を抱いていたからだ。その後の夕食の席で、ドーネンは、映画発祥の地でその百周年を祝えたことを光栄だと言い、自分のこれまでの歩みについてさらに語った「さっきのは私自身についての話だよ。私はもう年をとってるからね。きみたちにはまだまだ時間がある」。それから私をじっと見ると、こう付け加えた「雪は毎年降る。そうだろ?」。

第二十五章 最後の受《うけ》

朝の水が一滴、ほそい剃刀の
刃のうえに光って、落ちる――それが
一生というものか。不思議だ。
なぜ、ぼくは生きていられるのか。曇り日の
海を一日中、見つめているような
眼をして、人生の半ばを過ぎた。

『北村太郎詩集』収録「朝の鏡」、思潮社

今朝、北村太郎〔日本の詩人。一九二二～一九九二年〕のこの詩を久しぶりに読んだ。小さい頃、漢字を独学で覚えよ

うとしたことがある。日本ははるか遠くにあるのに私をやさしく受け入れてくれる気がして、日本という国のことならなんでも知りたくて、日本語を勉強してみたくなったのだ。文字の美しさだけではない。たとえば、以下の言葉を声に出して言ってみてほしい。燕返《つばめがえし》、移腰《うつりごし》、外巻込《そとまきこみ》、腕挫《うでひしぎ》十字固《じゅうじがため》。こうした音を聞くだけで、若い柔道家たちはなんともいえない陶酔感に包まれる。ここまで、私自身の「偉大な柔道家の伝説」を伝え、『燃えよ！カンフー』〔一九七二〜一九七五年に放映されたアメリカの連続テレビドラマ〕のデイヴィッド・キャラダイン〔アメリカの俳優。一九三六〜二〇〇九年〕のように、自分がいま夢中になって没頭しているものをとおして輝く未来が約束されていると信じる「小さき柔道家」の過去を語ってきた。この本を書き進めれば進めるほど、肩の荷が軽くなっていく気がしている。数年前にヴェルディーノ先生が亡くなったと知ったときにはショックだったが、それでも柔道についての記憶をたどるのは、わくわくする喜びだった。柔道とは集団で実践することで精神的な次元を高める武道である。そんな柔道について一人称を用いて書くのは決して容易ではなかったが、それ以外に書きようがなかった。人生を歩むうえでの基礎となるのは他者とのかかわりだ。まさに他者とのかかわりで成り立っている柔道によって私の人格が形成されたと言っても過言ではない。私は、柔道をとおして思慮分別を身につけることができるようになった。

文化こそが世界を救うとわかったのも柔道のおかげだ。あまり知られていないスポーツに打ち込んだのは、その後、私が流行に左右されず、忘れられたアーティストたちに興味をもち、マニアックな映画を好むようになる前触れだったのかもしれない。当時、柔道家であることは、少数派であることを意味していた。私は、映画の本を片っ端から読むようになる前は柔道の本を読みあさっていた。何かに没頭するには、自分がどうならなければならないかを知る必要があるからだ。柔道家同士の交流について、これまであまり語られてきたことがないのだろう。私は、失敗も成功もあった自分の経験をとおして、柔道家たちの姿を浮き彫りにしたかった。おそらくこの先、また別の柔道家たちが、とりわけ畳の上の新しいプリンセスとなる女性柔道家や、次の世代の柔道家、あるいは違う街の柔道家が、別の柔道物語を語っていくだろう。ぜひそうあってほしい。というのも、柔道については一冊の本だけではまったく足りないからだ。私はこの本で、あちこちに散らばっていた思い出のかけらを拾い集め、つなぎ合わせようとした。そして、かつて存在していた柔道家たち——私もそうだが——を思い出してもらいたかった。それは書くという行為だけが可能にするものだ。とはいえ、肩肘張った話だけでなく余談も必要だろう。そこで最後は、この本を書くきっかけとなった《鏡開き》で何が起こったのか、その話で締めくくりたいと思う。

その夜、私はリヨンに戻る列車のなかにいた。へとへとで息切れがしていた。なんとか痛みを感じないですむ体勢を探りながら、車窓から見える街の灯が少なくなっていくのをぼうっと眺めていた。パリが遠ざかるにつれて霧が深くなり、夜の闇に紛れていく。それとともにTGVのガラス窓が鏡に変わり、そこにはとんでもない愚か者の私の顔が映し出されていた。フランス柔道連盟の新年を祝う《鏡開き》は大成功に終わった。私は久しぶりに柔道着を着られることが嬉しくてしかたなかった。浮足立っていたのだろう、思わず柔道をやりたくなってしまった。それが大失敗のもとだった。

今朝は、パリに来たときのいつもの習慣でリヨン駅近くに借りているアパルトマンに立ち寄り、自転車をピックアップした。《鏡開き》は、パリの反対側、ポルト・ドゥ・シャティヨンにある《フランス講道館》と呼ばれる道場で行われるので自転車で行こうと思ったのだ。自宅にあった帯はすでに擦り切れていたため、途中、新しい帯を買うために寄り道をした（結局、慣れていない帯は違和感があり、使わなかったのだが）。会場に着き、道場に入っていくと、リヨンの柔道家たちが熱烈に歓迎してくれた。「昔とまったく変わらないじゃないか！」ミシェル・シャリエがそう言った（てっきりひやかされると思っていたのだが、心からそう思っている言い方だった）。シャリエはすでに八十才。いまだに戦線を離脱せずに柔道を続けている。彼の言葉に、背教者のようなうしろめたい感覚がすっかり消え、私は気分がよくなった。「スピーチするんだって？」何人もに声をかけられた。みんなしゃべりながら、身体を動かしたり膝や手首や肩を回したりながらウォーミングアップをしている。柔道の選手権大会からはすでに引退しているが、いつも大きなイベントをとりしきっているフレデリック・ルカニュをはじめ、《シェーヌ・レキップ》〔フランスのスポーツ専用テレビチャンネル〕のマイクを向けられているジブリズ・エマヌ〔カメルーン出身のフランスの女子柔道選手〕の姿もあり、フランス柔道連盟のおなじみの人たちが全員そろっていた。高段者たちが畳の上に集められ、八段になったティエリー・レイが颯爽と現れた。ただし、厄介な怪我を負ったというレイは、決して無理をしないように身のこなしに気をつけているようだった。そう、私もそうするべきだったのだ。

会場に和太鼓の音が響きわたった。セレモニーの荘厳さと柔道家たちのエネルギーが混ざり合った空気のなか、それはまるで音楽が奏でる武道のようだった。十四時三十三分、元フランス代表の柔道家、ジャン＝ピエール・トリペが開会の辞を述べた。私は、テディ・リネールがくれた美しい柔道着を着込んでいたものの、紅白帯の柔道家たちのなかで唯一人黒帯を締め、カンヌでタキシードを着ているときのようにかしこまってじっと正座していた。すぐそばに、何日も前からたくさんのアドバイスをくれたマキシム・ヌシーがいる。セレモニーは空手と合気道とテコンドーの実演で始まった。それを見た私は、三十年前と変わらず、柔道の親戚ともいえるさまざまな武道の周到で機知に富んだ動きに密かな憧れを感じた。どの武道も他の武道を尊重し、称賛する。一方で、自分たちが一番優れているとも思っている。たとえば、あなたが空手家なら、私に触ったり襲いかかったりすることはできるだろうが、私はあなたをつかんで投げるだろう。どの武道が一番強いのか？それはわからない。誰も実戦で試してみようとはしない。武道間の競争心に決着はついていないのだ。

その後、段位の授与式が行われた。次はいよいよ私の番だ。予定通り十六時四十三分に（プログラムを見返すと、私のスピーチは十六時四十五分となっていた）ルカニュに名前を呼ばれ、道場の畳の真ん中に歩み出た。マイクに向かい、TGVのなかで入念に仕上げたスピーチ原稿を読みあげる——普段は原稿なしで話すのだが、今回は特別に原稿を用意した。みんな真剣に聞き入ってくれているように見えた。だが、大聖堂のなかのようにしんと静まりかえっていて、実際はどう思っているのかはわからない。柔道では、決してお世辞や過剰な言葉をかけないものなのだ。それでも、好意的なまなざしをたくさん感じた。

プログラムの最後には、いまもっとも脂ののった柔道家たちに九段が授与されることになっていた。畳の上で、映画監督で柔道家でもあるカミーユ・ドゥ・カサビアンカ、さらに三人のチャンピオン、ギイ・デュピュイ〔一九三一～二〇一八年〕、パトリック・ヴィアル、ジャン＝ポール・コシュが、初めて黄帯をもらう初心者のように緊張しながら、かしこまって立っている。そのようすは感動的だった。

彼らの印象的な試合が頭に浮かんできた。パトリック・ヴィアルがモントリオール・オリンピックで銅メダルを獲得したときの捨身《すてみ》を駆使した試合。ギリシャ神話に出てきそうな体つきのジャン＝ポール・コシュが、ロンドンのクリスタルパラスで移腰《うつりごし》を決めた試合……。コシュといえば、負けるのが大嫌いだった。かつて私は、エクス＝アン＝プロヴァンスのＣＲＥＰＳ主催の「実戦合宿」に参加した。そこでコシュの容赦ない指導を受けたことがある。毎日くたくたに疲れはてたが、私は毎晩のように彼に質問を浴びせかけた。すると、コシュにこう言われた「おまえは将来、ジャーナリストになるな！」。《鏡開き》で彼の最大のライバルであり、形《かた》の美しさで有名なギイ・オフレイ〔一九四五～二〇二一年〕から九段を授与されたコシュは、このうえなく優雅なお辞儀をした。そこに見られるのは騎士の振る舞いであり、長年の友情だった。それはまさに柔道史に残るシーンだった。

九段の授与式が終わると、ジャン＝リュク・ルージェがマイクに向かって言った「せっかくの機会ですから、みんなで少しだけ柔道をやろうではないですか」。少しだけ柔道をやろう……。私はその言葉にすっかりその気になった。そして……気づいたときにはあとの祭りだった。

私たちは柔道着姿でそれまで二時間以上も畳の上にいたものの、まったく動いていなかった。周りの人たちはいまでも毎日のように柔道をしているようだが、私は長い間、柔道とはまったくご無沙汰している。それなのに、会場をぐるりと見わたした私は、そこに子ども時代から知っている顔をたくさん見つけるや一気に過去に引きずりこまれた。一瞬でティーンエイジャー気分に戻ってしまった。昔の師たちと乱取《らんどり》ができるって？　それでも、コシュとだけは——いくら彼はもう老年になっているとはいえ——何があっても組みたくなかった。私があと十歳若かったとしても同じだっただろう。かつての師たちは私より十五歳は年上に見えたが、コシュに限らず相変わらず剛健そうだ。ルージェが言った「誰か、パトリック・ヴィアルと組みませんか？」。誰も動かない。「ほら、パトリック・ヴィアルと組む人は？」「私がやります！」気がつくとそう叫んでいた。なぜ、そんなことをしてしまったのだろう？　だが、私はいつだってこうなのだ。誰も名乗り出ないと自分がその責任をはたそうと先陣を切ってしまう。思い返せば、そうやってこれまでいろいろなチャンスをつかんできたのかもしれない。

「はじめ！」ジャン＝ピエール・トリペが号令をかけた。私は目の前のパトリック・ヴィアルに「まずは巴投《ともえなげ》かな？」と冗談めかして声をかけた。巴投《ともえなげ》とは、恐れられることが多い捨身技《すてみわざ》である。なかでも横巴投《よこともえなげ》がヴィアルの得意技だ。彼はうなずいたが、その表情は真剣そのもので遊び半分といった感じはまったくなかった。私は構えると、数歩、足を運んだ。ヴィアルが突進してきた。そして、私の下腹部、正確には腿の付け根に自分の足を押し当て、自分の上方に私を投げた。私の身体が宙でみごとな孤を描き、前方にきれいに落下した。頭のなかではどうなるかを瞬間的に理解したものの、私の身体はまったくついていかなかった。背中に電気ショックのような衝撃が走る。全身に何千ワットもの電流を流されたようだ。それでも私は起き上がり、柔道家のプライドにかけ、歯を食いしばって乱取《らんどり》を続けた。なんとか倒れないように細心の注意を払いながら……。とんでもなくつらかったが、同時にすごく爽快な気分でもあった。ジャン＝リュック・ルージェの終わりの合図で乱取《らんどり》は終わった。私は礼をしたが、頭に霧がかかったようにぼうっとしていた。

運動療法士でもあるマキシム・ヌシーが一目散に駆けよってきた。畳の上に私を横たわらせ、大怪我をしていないか診ながら言った「最初の受《うけ》でまずいと思った。そもそもおまえはウォーミングアップもしていないし、まったく準備ができてなかった。幸いにも背中の筋肉が反射的に脊椎を守ってくれたようだが、受身《うけみ》の仕方はすっかり忘れていたみたいだな。筋肉にとんでもないストレスがかかったんだよ！　それにしても、こんな状態でよくあのあと乱取《らんどり》を続けられたもんだ」。私は、ヌシーが単に私の動揺を鎮めようとしているのではないかと一瞬疑った。だが、彼はこう請け合ってくれた「安心しろ。本当なら、もっと大変なことになるところだったんだからな。何日かは辛いだろうが、脊椎を損傷するよりはずっとましだ」。そこに、ティエリー・レイが笑いながらやって来た「止めようと思ったのに、いきなり飛び出していったので間に合わなかった。なんの準備もウォーミングアップもしないで乱取《らんどり》をするなんて無茶苦茶だよ」。私は声を出すのも辛かったが、こう答えた「そのうえ、二十年も柔道をしていないのに、だよな」。すると、レイは、少しだけ切なそうな表情でこう付け加えた「ま、でもそうしたい気持ちはよくわかるよ」。

私は投げられるに任せて受《うけ》をするはずだった。毎日柔道に励んでいた頃にはなんの問題もなくできたことだ。組んだときの感覚は昔と変わらなかった。少なくとも自分ではそう思い込んでいた。誰からも組もうと言われなかったので、少しでも自分の存在を示したかったのかもしれない。スピーチだけでは物足りなかったのだ。そこにいる柔道家たちはみんな、少なくとも少し前まで、その後何日も痛みに苦しむことになったとしても、ときには相手の腕のなかで気を失ってしまったとしても、力のかぎり命がけで試合に臨んできた者ばかりだ。まだ現役の選手もたくさんいた。私は不用意にも、そして厚かましくも、そんな戦士たちの仲間入りをしようとしたのだ。

畳を下りたとたんに大きな不安が襲ってきた。こんな状態で、列車に乗ってリヨンに戻れるのだろうか？　明日からの仕事のスケジュールはぎっしりだ。はたして大丈夫か……。だが、そんな心配をよそに、私のもとに次々と仲間がやってきてはからかった。「笑わせないでくれよ。笑うとすごく痛いんだから」私は痛みをこらえながら、そう言っていっしょに笑った。「怪我したなんてすごいじゃないか！　その年になっても本気でやった証拠だよ」。いや、こんなひどい目にあうぐらいなら、手を抜いて適当にやったほうがよかった。そのあとにパーティーが用意されていたが、後ろ髪を引かれる思いで会場をあとにした。そしてどうにか自転車にまたがると、最終のＴＧＶに乗るべき駅に向かった。ダンフェール＝ロシュローまで続く長い大通りを自転車で進む。少しでも体勢を変えると全身に激痛が走り、ハンドルをとられそうになる。もうこれ以上は無理だと思ったとき、薬局を見つけた。店の若い男性店員はとても気がきいていて、私を倉庫に連れて行くと腰に温湿布を貼ってくれた。お礼を言いたかったがうまく話せなかった。さらに消炎剤を受けとると、私はまたおぼつかない足どりで自転車を漕いだ。そして、ぎりぎりで最終列車に間に合った。

映画と柔道には共通の言葉がある。projection《プロジェクシオン》だ。この本の終わりになって、ようやくそのことに気づいた。映画において projection は「映写（上映）」を意味し、柔道では「投《なげ》」を意味する。そして、映画はスタジオやセットでの prise《プリズ》〔ここでは「撮影」の意〕から始まり、柔道は畳の上での prise《プリズ》〔ここでは「組手」の意〕から始まる。リュミエールのライバルだったトーマス・エジソンは、活動写真をつくりだしたものの projection までは考えつかなかった。光を投影して大きなスクリーンに映像を映しだすことができるとは思わなかったのだ。だが、人々が必要としているのはまさにその projection だった。そして、リュミエール兄弟の手によって一八九五年に映画が誕生する。集団のための projection こそが、パーソナルな画面を一人ひとりが持ち歩くこの時代にあっても映画が存在しつづける意義である。私が、その夜リヨンに帰るために必要だったのもこの美しいprojectionだった。projectionは、スクリーンでは映像を、畳の上では受《うけ》を生かしてくれる。映画でも柔道でも美しさと真実と巧みさを具現するものなのだ。

先輩柔道家のシンプルな捨身《すてみ》が、私の柔道家としての人生にとどめを刺してくれた。おそらく柔道という長い旅に必要なことだったのだろう。それがなければ、旅を終わらせることができなかったかもしれない。スポーツ選手なら誰もがそうだろうが、私は過去の栄光を自慢に思っていた。実のところ、いつでもスポーツ選手に戻れると思い込んでいた。だが、その気になればいつでも体重を落としてアスリートの身体になれるなどというのは、単なる妄想にすぎない。考えてみれば、道場を離れる直前に勢いのあるジュニア選手と稽古したときにすでに、以前のようには動けていなかった。そのとき、自信喪失と柔道への愛着のはざまで「なんと残酷なスポーツなんだろう」と思ったものだ。そんな私が、五十歳、いや五十五歳を過ぎてから乱取《らんどり》をしたこと自体が奇跡のようなものだ。冒頭で「倒れる」ことは失敗ではないと書いた。「それは喜びでもあり、苦しみでもある」というトリュフォーの言葉を思い出す。子ども時代に立ち返ろうとするのは喜びでもあり、苦しみでもある。記憶を掘り起こすのは喜びでもあり、苦しみでもある。未来を思い描くのは喜びでもあり、苦しみでもある。《鏡開き》での出来事はまったくみっともない話ではあるが、帰りの列車のなかで孤独と痛みに耐えたことは喜びでもあり、苦しみでもあった。そして、痛ましくも甘美な結論を抱かずにはいられなかった。私の人生にはつねに柔道があるという結論だ。projection の動詞、projeter《プロジュテ》には、「意図する」とか「計画する」といった意味がある。嘉納治五郎の軌跡をたどりながら、私のなかにまた学びたいという欲が湧いてきた。若いときに柔道を頑張ったことでどんなにすばらしいものを得ることができたのか。この本でただそれを伝えたかった。人生と同じで、柔道にはいつでも学ぶこと、学び直すことがある。子どものときのようにまったく最初から学び直すことで。そう、「倒れる」ことからやり直すことで。

エピローグ
嘉納治五郎の言葉

未来に向けたメモワールとして、ここに嘉納治五郎の言葉を書き記す

一、人に対しての徳
（イ）気風の高尚であること
（ロ）驕奢の風を嫌ふこと
（ハ）正義を重んずること
（ニ）道の為には艱苦を厭はず、容易に身命をも擲《なげう》つ覚悟あること
（ホ）親切で、其度を失せぬこと
（ヘ）公正なること
（ト）礼譲を守ること
（チ）信実なること、等

二、自己に対しての徳
（イ）身体を大切にすること
（ロ）有害な情を制止すること
（ハ）艱苦に堪へる習慣を養ふこと
（ニ）耐忍の力を強くすること
（ホ）勇気を富ませること
（ヘ）教を受けることと、自から考究することとの関係を知らせること
（ト）準備をすること
（チ）迅速な判断
（リ）熟慮断行
（ヌ）先を取ること
（ル）先を取られた時、為すべき手段
（ヲ）自他の関係を見ること
（ワ）我を安に置き、相手を危に置くこと
（カ）止まる所を知ること
（ヨ）制御の法、等

『嘉納治五郎』嘉納先生伝記編纂会、講道館、一九六四年

謝辞

本書を執筆するにあたっては、マニュエル・カルカソンヌ先生率いるストック柔道クラブの柔道家たち、ブノワ・アイメルマン、エミリー・ポワントロー、ソルベ・ドゥ・プルンケット、シャルロット・ブロシエにとてもお世話になりました。心から感謝いたします。

断片的でまとまっていない状態の原稿から読んでくれたソフィー・アルツネル、ジャック・ジェルベル、リュック・マテュー、そして原稿に早くから関心を寄せてくれたサビーヌ・アゼマ、さらには、若い頃のような一連の打込《うちこみ》といった入念の準備をしていない状態の柔道家たちのおしゃべりをうまく構成してみごとな受《うけ》を見せてくれたジェラール・カミ、アントニー・ディアオ、リオネル・ラクールにも感謝を捧げます。

また、「スポーツ、文学、映画」の世界の次の方々にも感謝いたします。マエル・アルノー、クリステル・バルデ、オリビエ・ブラン、サミュエル・ブリュメンフェル、アドリアン・ボスク、ティエリー・ブレイヤール、フィリップ・ブリュネル、ベルナール・シャンバズ、ティエリー・シェルマン、ヴァンサン・デュリュク、アダ・エジュベルグ、ローラン・ジェラ、オリビエ・ゲズ、エマニュエル・ユベール、ヴァンサン・ランドン、エディ・メルクス、サラ・ウラムーヌ、レスリ・ピショ、クリスティアン・プリュドム、ティエリー・レイ、グザヴィエ・リボワル、マルグリエ・スピックマン、フィリップ・シュドル、ピエール゠イブ・トゥオ。

以下の柔道家たちにも感謝の意を表します。アラン・アベロ、アントワーヌ・アラルコン、エヴリヌ・アルグ、ソフィー・アルツネル、ジャン＝ルイ・バルヌアン、シルヴィ・ベルナール、ピエール・ブラン、ブリュノ・ブランシャール、フィリップ・ボニ、フレデリック・カイヨ、シルヴァナ・カヴァルッチ、ジェラール・シェズ、ミシェル・シャリエ、フィリップ・ダルー、ガブリエル・ドゥバル、ギイ・デルヴァン、パトリック・デカイヨ、ミゲル＆マリオ・エクスポジト、ミシェル・フィユル、ルル・ガルシア＝ヴェロ、リオネル・ジラール、ベルナール・ジレール、マルク・ラブリュヌ、リオネル・ラクール、アラン・レルベット、ジャン＝ルイ・ミヨン、エリク・ミュレ、ルネ・ナザレ、パトリック・ノラン、マキシム・ヌシー、ダニエル・オリヴェ、ジル・オレネス、ロマン・パカリエ、マルク・ペラール、エドモン・プティ、ギイ・サヴィ、コリヌ・シモン、ロランス・トマ、クロード・トリン、ヴァンサン・ヴァレント、リオネル・ヴァレット、ベルナール・ザマリーニ、そしてフレディ・アゲラ、ジャン＝フランソワ・ゲラン、フレデリック・セサン。

マンゲットの以下の方々もありがとうございました。モハメド・バキル、フランク・ベルヌティエール、イヴォン・シャルボニエール、エルヴェ・エスティバル、パキト・エクスポジト、ミシェル・マルシャン、ドゥニ・ロティバル、フィリップ・ヴィトリ、モーリス・ヴェセール。

『レスプリ・ドゥ・ジュウドウ』誌のなかで歴史家のイヴ・カドーが執筆しているコラムは、その書き方も柔道に関する考察もすばらしいものです。彼は私の原稿を読み、その深い学識から助言をくださいました。ご協力に心から感謝いたします。彼の今後の著作を楽しみにしています。

本書の第十九章「姿三四郎」の第一稿は、『デスポール』誌に掲載されたものです。また第二十三章のタイトル「嘉納治五郎、死す」は、ピエール・リシアンが監督し、日の目を見なかった謎の映画の題名『Jacques Tourneur est mort（ジャック・トゥルヌール、死す）』からヒントを得ました。ドミニク・パイニ、ピエール・レスキュル、フィリップ・ジャキエにも感謝の意を表します。

本書は、柔道家ではありませんが、良き息子であるヴィクトルとジュールのために書かれました。また本書を、レイモン・ルドンとエルネスト・ヴェルディーノとの思い出に、そして、生前に最初の章だけは読んでもらえ、「私が癌じゃなかったら、柔道をやってみたいと思ったところだ」と言ってくれたイヴ・ボンギャルソンに捧げます。

訳者あとがき

カンヌ国際映画祭。毎年五月にフランス南部の都市カンヌで行われ、ベルリン国際映画祭、ヴェネツィア国際映画祭とともに世界三大映画祭の一つである。日本でもよくニュースでとりあげられ、とくに近年はカンヌで日本の監督作品や俳優が大きな賞を受賞することも多く、日本映画が世界じゅうに知られるよいきっかけともなっている。

本書『黒帯の映画人』の著者、ティエリー・フレモーは、二〇〇七年にこのカンヌ映画祭の総代表に就任し、同映画祭の総指揮をとる人物だ。同時に、フランスのリヨンにある《リュミエール研究所》の所長でもある。同研究所は、「映画の父」と呼ばれるリュミエール兄弟が発明した初期のシネマトグラフの復元や、リュミエール作品の保存を行うとともに、毎年秋に「リュミエール映画祭」をリヨン市と共同主催している。

本書は、そんな映画人である著者の半生記だが、原題はJudoka、つまり「柔道家」だ。「日本語版に寄せて」で、著者はこう書いている「カンヌ国際映画祭の総代表といえば、これまでの人生をすべて映画に捧げていると思われがちだ。だが、実際には私の人生には映画の前に柔道があった」。

九歳で初めて道場に足を踏み入れたときから柔道に魅了された著者は、少年時代・青年時代と柔道中心の生活を送った。やがて四段を取得し、地元リヨンでは名の知られた柔道選手となるも、怪我でしばらく試合を断念せざるをえなくなる。その後、指導者の資格をとり、柔道家の育成に励む。一方で映画好きでもあった著者は、リヨン大学で歴史学を専攻し、大学院時代にリュミエール研究所で働きはじめ、その後、人生の軸が柔道から映画に移っていく。

著者は、「柔道」と「映画」という一見まったく異なる両者には、その誕生から発展にいたるまで大きな共通点があると語る「地球規模で普及し、いつの間にか（柔道は）スポーツ以上のもの、（映画は）芸術以上のものになった。両者とも、私たちは何者であるのか、他の人たちが何者であるのかを教えてくれるからだ」（第二章）。その洞察に見られるように、著者の映画人としての人生には柔道で培われた精神性が脈々と生きている。

本書には著者の柔道との出会い、さまざまな師との交流、映画の世界に入ったきっかけなどが生き生きと描かれている。だが、ここにあるのはそうした体験談だけではない。小さい頃から読書好きだった著者は、自分が興味をもったものについては何であれ、本や雑誌を読みあさり、徹底的に研究する。その対象は「柔道」や「映画」に限らず、スポーツ全般、映画全般、ひいては文学や美術といった芸術一般にまで広がっているようだ。ある章では黒澤明やタランティーノの作品について熱く語り、ある章では画家イヴ・クラインについて詳細に記される。さらには、嘉納治五郎の足跡や彼が生きていた時代とその背景にまつわる章や、三島由紀夫の自死についての章もあり、日本の近代史や文化評としても読み応え十分だ。本書のなかでとりあげられた人物名の数とその幅広さ、さらにはさまざまな作品からの引用を見ても、著者がいかに研究熱心で博識であるかがわかるだろう(なお、人物名や引用については、翻訳の際にできるだけ調べ、知りえたかぎりの情報を入れ込んだつもりだが、フランスの文献やサイトでしかわからないものについては、原書の原文どおりに訳したことをここに記しておきたい)。

もう一つの本書の魅力は、「柔道家」、のちには「映画人」となる人物の半生記とはいえ、試合で華々しい戦績を収めてきた柔道選手としての物語でもなければ、映画監督や役者としてスポットを浴びてきた者の伝記でもない点だ。ここに描かれているのは柔道に情熱を傾けつつ、怪我で一時的に戦線を離脱し、柔道家を育成する指導者となった人物、製作や撮影の現場ではなく映画の研究機関で働き、のちには国際映画祭のディレクターとして映画文化を世界じゅうに広めてきた人物である。著者がたどってきたのは、柔道に対しても映画に対しても自身の成功や名声を超えた本物の情熱がないと決して歩めない道のりといえる。現役の選手だけが「柔道家」ではなく、製作の現場にいる者だけが「映画人」ではない。著者のような存在があってこそ、柔道も映画も時代や国を越えて、世界規模で広がっていったのだろう。

折しも、少し前にパリ・オリンピックが閉幕した。およそ一四〇年前に嘉納治五郎が日本でつくりあげた柔道は、いまやさまざまな国の選手が出場する花形競技の一つとなった。今回のオリンピックの柔道混合団体では、激しい決勝戦の末、フランスが日本を破って金メダルに輝いた。フランスの柔道人口は現在五十万人以上と、日本の四倍にのぼるという。本書の翻訳のために講道館に何度か足を運んだが、ビジターのほとんどが外国人であった。柔道というスポーツが世界じゅうでいかに愛されているかを、目の当たりにした気がした。

スポーツに沸いた熱い夏の終わりにこのあとがきを書きながら、映画祭や読書を楽しむ秋に刊行される本書を一人でも多くの柔道ファン・映画ファンに読んでいただけることを訳者として願っている。

本書を翻訳するにあたっては、じつに多くの方にお世話になった。

多くの時間を割き、フランス語についてだけでなく、一九七〇年代のフランスのようすなど本書の背景についても教えてくださったフロランス・メルメ・小川氏、翻訳をサポートしてくださったノエミ・ボストヴィロノア氏、そして、引用や訳注が多い本書を粘り強く、かつきめ細かく編集してくださった篠田里香氏、映画や文学関係をはじめ膨大な調べものをしてくれた山本萌氏。本当にありがとうございました。この方々がいなければ、翻訳を完成させることはできなかった。

柔道関連については、柔道家の萩原亮氏と西本淳弥氏に貴重なアドバイスをいただいた。講道館図書資料部、さらに、日本レスリング協会名誉会長および講道館理事の福田富昭氏にも多大なご協力をいただいた。この方々にも心から感謝の意を表したい。

最後に、全般的な舵取りをしてくださった株式会社カンゼンの坪井義哉氏、そして、さまざまな支援をしてくださったギャガ株式会社の依田巽氏に、敬意と感謝を捧げたい。

二〇二四年八月末　山本知子

写真クレジット

P.1　Photo by Venturelli/WireImage/Getty Images

P.6上　Photo by Gisela Schober/Getty Images

P.7上　Photo by Roberto Serra - Iguana Press/Getty Images

P.8上　Photo by Stephane Cardinale - Corbis/Corbis via Getty Images

P.8下　Photo by Tristan Fewings/Getty Images

上記以外の写真：

P.2～4、P.5上およびP.6下　著者提供

P.5中・下　写真・取材協力：公益財団法人講道館

P.7下　編集部撮影

AMBASSADE DE FRANCE AU JAPON
Liberté
Égalité
Fraternité

INSTITUT FRANÇAIS
アンスティチュ・フランセ

Cet ouvrage a bénéficié du soutien du Programme d' aide à la publication de l' Institut français du Japon.

著者
ティエリー・フレモー
Thierry Frémaux

1960年、フランス、イゼール生まれ。カンヌ国際映画祭総代表、およびリュミエール研究所所長。9歳から柔道を始め、少年時代・青年時代を柔道に捧げる。四段を取得し、柔道の指導者となる。リヨン大学で歴史社会学を学び、同大学院博士課程在籍中にリュミエール研究所で働きはじめたことから、柔道を離れる。現在は、同研究所の所長としてリヨンに拠点を置きながら、カンヌ国際映画祭のために世界中を飛びまわっている。2016年には、膨大な数のシネマトグラフの作品から108本を厳選してまとめたドキュメンタリー映画『リュミエール！』を製作し、監督・脚本・編集・プロデュース・ナレーションの5役をこなした。続編『Lumière, l'aventure continue』も製作されている。本書(原題 Judoka)は、2021年にフランスのスポーツ作家協会から《スポーツ＆文学大賞》を授与された。

訳者
山本知子
Tomoko Yamamoto

フランス語翻訳家。早稲田大学政治経済学部卒。東京大学新聞研究所研究課程修了。絵本・小説からノンフィクションまで幅広い翻訳を手がける。訳書に、トマ・ピケティ『格差と再分配』(早川書房)、『来たれ、新たな社会主義』(みすず書房)、エマニュエル・マクロン『革命』(ポプラ社、以上共訳)、シャルル・ヴァグネル『簡素な生き方』(講談社)、ジュール・ヴェルヌ『海底二万マイル』、『十五少年漂流記』(以上ポプラ社)など多数。

ブックデザイン　中村善郎(yen)
DTP　ライブ
編集　篠田里香
編集協力　山本萌(株式会社リベル)
翻訳協力　フロランス・メルメ・小川
　　　　　ノエミ・ボストヴィロノア

黒帯の映画人
柔道と映画に捧げた人生

発行日
2024年10月28日

著者
ティエリー・フレモー

訳者
山本知子

発行人
坪井義哉

発行所
株式会社カンゼン
〒101-0021　東京都千代田区外神田2-7-1 開花ビル
TEL 03 (5295) 7723　FAX 03 (5295) 7725
https://www.kanzen.jp/
郵便為替　00150-7-130339

印刷・製本
中央精版印刷株式会社

JUDOKA
by Thierry Frémaux

ISBN 978-4-86255-741-4 Printed in Japan